쉽게 만들어 입는

핸드메이드
여성복

Contents

걸을 때마다, 살랑 살랑

심플한 원피스는 쭉 뻗은 일자형 실루엣처럼 보이지만,
입고 움직이면 플레어 실루엣의 밑단이 살랑살랑 흔들립니다.
부드럽게 살랑거리는 밑단 때문에 걷기만 해도 기분이 좋아집니다.

no.	item	color
01	one-piece	

플레어 원피스

HOW TO MAKE » p.50 실물크기 패턴 1면 【1】

경쾌하게, 발랄하게

몸에 꽉 끼지 않아 부담 없이 입을 수 있는 하이넥 튜닉.

하이넥이 불편하여 잘 입지 않던 분에게도 추천하고 싶은 아이템입니다.

경쾌한 스트라이프 무늬에 루즈한 핏으로 만들어

편안하게 입을 수 있습니다.

no.	item	color
02	tunic	

하이넥 튜닉

HOW TO MAKE » p.52　실물크기 패턴 2면【11】

contents

니트 원단에 대하여

니트 원단이란 원단 중 편성물을 말하는 것으로, 기계로 짜여진 모든 원단을 말합니다. 니트 패브릭이나 저지 등으로도 불리며, 뛰어난 신축성과 소프트한 감촉으로 착용감도 뛰어납니다. 소잉을 하는 사람들에게 인기 있는 소재지만, 특성 때문에 다루기 어려운 소재로 인식되어 있습니다. 여기에서 니트 소재의 다루는 방법을 알아봅시다.

니트 원단을 구성하는 방법

니트를 구성하는 기본적인 방법은 평뜨기와 고무뜨기, 두 가지가 있습니다. 각각의 특징을 이해하고 원단을 선택하는데 참고하세요.

평뜨기 란

손뜨기 또는 메리야스뜨기라고도 하며 겉은 겉코만, 안은 안코만으로 구성된 편성물이다. 좌우의 끝이 안으로 둥글게 말리는 성질이 있다.

고무뜨기 란

겉코와 안코가 가로방향으로 번갈아 짜여있는 편성물이다. 겉과 안이 같은 형태로 보이며, 가로방향으로 잘 늘어난다.

니트 원단의 종류

니트 원단은 편직하는 방법이나 실의 굵기에 따라 신축성 및 느낌이 다양해집니다.
그중에서 가장 많이 쓰이는 원단들을 골라 다루는 난이도와 특징, 신축성 등을 소개합니다.

원단 소개 보는 방법

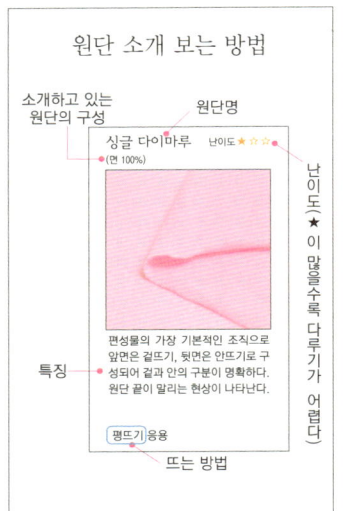

소개하고 있는 원단의 구성 / 원단명

싱글 다이마루 난이도 ★ ☆ ☆
(면 100%)

난이도 (★ 이 많을수록 다루기가 어렵다)

특징

편성물의 가장 기본적인 조직으로 앞면은 겉뜨기, 뒷면은 안뜨기로 구성되어 겉과 안의 구분이 명확하다. 원단 끝이 말리는 현상이 나타난다.

평뜨기 응용

뜨는 방법

싱글 다이마루 난이도 ★ ★ ☆
(면 100%)

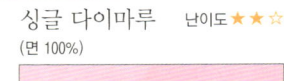
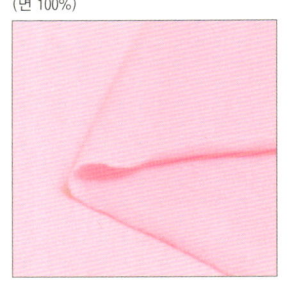

편성물의 가장 기본적인 조직으로 앞면은 겉뜨기, 뒷면은 안뜨기로 구성되어 겉과 안의 구분이 명확하다. 원단 끝이 말리는 현상이 나타난다.

평뜨기 응용

양면 다이마루 난이도 ★ ☆ ☆
(면 100%)

평뜨기한 원단 두 장을 맞댄듯한 형태의 양면뜨기로, 겉과 안이 모두 겉코로 보인다. 싱글 다이마루에 비해 잘 늘어나지 않고, 평평하며 매끈한 촉감이다.

평뜨기 응용

도비 다이마루 난이도 ★★☆
(면 100%)

코 옮기기로 무늬를 만든 편성물로,
일정한 무늬가 연속적으로 나타난
다. 무늬가 깔끔해 보이는 쪽이 겉
면이다.

고무뜨기 응용

PK 다이마루 난이도 ★☆☆
(면 100%)

벌집 구조같은 모양을 표현한 편성
물로, 잘 늘어나지 않고 청량감이 느
껴지는 감촉을 가지고 있다. 주로 폴
로 셔츠나 원피스에 사용한다.

평뜨기 응용

분또 난이도 ★☆☆
(면 100%)

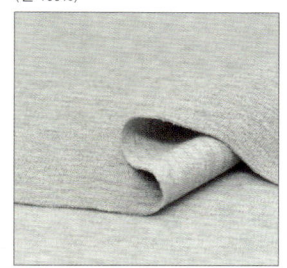

3종류의 뜨개 조직으로 편직되어 가
로, 세로방향 모두 쉽게 늘어나지 않
는 튼튼한 편성물이다. 니트 소재 중
에서 가장 다루기 쉽다.

평뜨기 응용

미니쮸리 난이도 ★☆☆
(면 100%)

니트 원단의 가장 대표적인 편성물
로, 원단 끝이 둥글게 말리는 특성이
있다. 여러 의상에 폭넓게 사용된다.

평뜨기 응용

거즈쮸리 난이도 ★★☆
(면 100%)

미니쮸리 조직을 좀 더 성글게 편직
한 원단이다. 부드러운 촉감으로 티
셔츠나 카디건 등에 많이 사용된다.

평뜨기 응용

후라이스 난이도 ★★☆
(면 100%)

겉과 안이 같은 형태로 보이는 편성
물로, 가로방향으로 잘 늘어난다. 활
용성이 높고, 몸에 딱 맞는 옷에도
사용이 가능하다.

고무뜨기 응용

뜨개니트
(면 100%) 난이도 ★ ★ ☆

턱짜기(이랑뜨기)로 구성된 편성물로, 고무뜨기와는 달리 겉과 안의 모양이 다르게 보인다. 립과 비교하면 신축성은 다소 떨어지지만 용도는 같다.

[고무뜨기]응용

골지니트
(면 100%) 난이도 ★ ★ ☆

겉코와 안코가 같은 수로 번갈아 짜여진 편성물로 가로방향으로 잘 늘어나며 대부분 신축성이 좋다. 몸판은 물론 목둘레, 소매둘레, 밑단 등에 부분적으로도 사용이 가능하다.

[고무뜨기]응용

시보리
(면 100%) 난이도 ★ ★ ☆

굵은 실로 짜여진 편성물로, 실이 굵고 두꺼워서 주로 소맷부리나 밑단 등에 부분적으로 사용한다.

[고무뜨기]응용

기모 쮸리
(면 100%) 난이도 ★ ★ ☆

겉은 겉코, 안은 루프 모양으로 편직한 뒤, 안쪽에 기모를 가공한 편성물로, 두꺼우면서 보온성이 높고 튼튼하다. 주로 F/W 시즌에 캐주얼 아이템으로 사용한다.

[평뜨기]응용

파일
(면 100%) 난이도 ★ ★ ☆

바탕실에 파일실을 루프 상태로 짜넣어 편직한 것으로 통기성, 흡수성이 좋고 가볍다. 양면 파일과 단면 파일(위쪽 사진)의 두 가지 형태가 있다.

[평뜨기]응용

와플
(면 100%) 난이도 ★ ★ ☆

원단에 와플처럼 울퉁불퉁한 조직감이 있는 편성물로 전반적인 아이템에 무난하게 사용이 가능하다.

[고무뜨기]응용

출처:패션스타트(www.fashionstart.net)

니트 소재를 봉제하는데 필요한 도구들을 소개합니다.

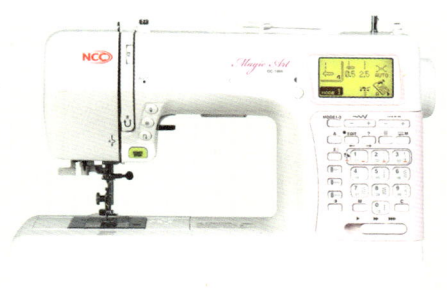

매직아트(CC-1865)

가정용 미싱

바늘에 실을 꿰어 원단을 꿰매는 기계로 직선봉제, 지그재그봉제 외에 신축 재봉이 가능한 미싱을 사용하는 것이 좋습니다. 니트 원 단의 시임퍼커링(seam puckering) 현상을 줄이기 위해서는 apc(직선 보조침판)기능을 탑재한 미싱을 사용하면 니트 원단 봉제시 원활한 작업이 가능합니다

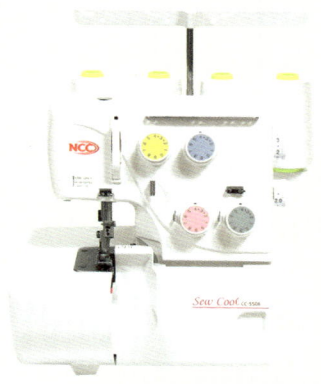

쏘우쿨(CC-5506)

오버록 미싱

원단 끝의 올이 풀리는 것을 방지하기 위해 가장자리를 마무리해 주는 기계로, 3~4개의 실을 이용해 원단의 끝을 감싸가며 봉제하 기 때문에 세탁 후에도 올이 풀리지 않습니다. 니트 소재를 봉제 할 때는 3색 오버록(1본침/3본사)보다 4색 오버록(2본침/4본사)을 사용하는 것이 좋습니다. 오버록과 인터록 시 커팅 칼날이 있는 오버록 미싱을 사용하면 봉제와 끝마무리가 한 번에 가능합니다.

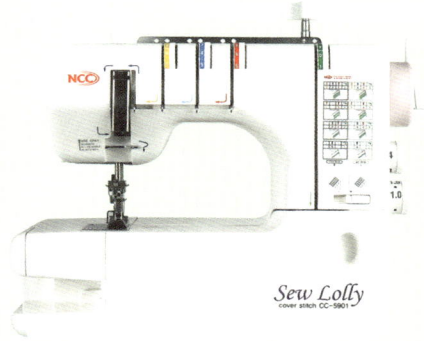

쏘우롤리(CC-5901)

커버스티치 미싱

니트 소재로 만들어진 옷(면, 다이마루 티셔츠 포함)의 소매 끝 단과 밑단을 정리할 때 사용하는 미싱입니다. 밖으로 보이는 겉 면은 두 줄(혹은 세줄)의 스티치로 바느질되며, 안쪽에는 오버록 이 되어 깔끔하게 완성됩니다. 커버스티치는 작업의 마감을 깔 끔하게 해주는 역할을 함으로써 퀄리티 높은 작품을 만들 수 있 게 도와줍니다.

출처:NCC미싱(www.nccmising.com)

● 니트 소재용 & 필수 아이템

◀ 프라임
소잉전용실
[PT45]

◀ 스티치 프라임
소잉전용실
[SPT29]

◀ 마시멜로
무지개실
[MRT45]
선명하고 다채로운 색상
이 그라데이션 되어있는
실로, 밋밋한 곳에 포인트
가 된다.

튼튼한 내구성과 고급스러운 색감을 갖춘 실로, 봉제감 또한
탁월하여 다양한 작업에 사용되는 만능실이다. 얇거나 보통
두께의 원단은 프라임실로, 두꺼운 원단은 스티치 프라임실
로 봉제한다.

◀ 라라실
[RT 100]

유연하고 탄성있는 양모를 닮
은 실로 편직물이나 신축성 있
는 원단 봉제시 밑실로 사용하
거나, 가장자리 오버록 또는
인터록 작업에 사용하기 좋다.

◀ 가정용 레자(테프론)
노루발[13-206]
니트 소재를 봉제할 때 노루발
밑으로 원단이 부드럽게 지나
갈 수 있도록 원단을 누르는 부
분에 미끄러지게 하는 재료를
사용한 노루발.

▲ 니트테이프(어깨테이프)
[11-211] / [63-571]

어깨 등 늘어나기 쉬운 곳에 겹친
후 함께 봉합하여 사용한다. 오버록
미싱의 경우에는 전용 노루발을 사
용하고, 가정용 미싱의 경우에는 지
그재그봉제로 고정한다.

▲ 프리미엄 가정용
니트용 미싱바늘(5개입)
[54-492] / [54-491]

바늘 끝이 둥글기 때문에 니트
소재의 손상을 방지한다. 원단
두께에 따라 호수를 구분하여
사용한다.(좌-11호 / 우-14호)

▼ 식서 실크 접착테이프 심지
(다대테이프)-SD
[17-113]

▼ 소잉테이프(접착테이프 심지)
[33-249]

신축성 있는 열 접착테이프로, 늘리고 싶지 않은 어깨나 목둘레 등에 붙이면 원단의 늘어남을 방지한다.

● 편리한 도구

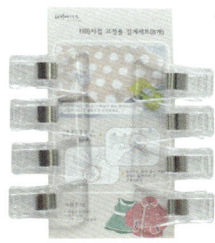

◀ 시접 고정용
집게 세트(8개)
[49-610]

자국이 남을 수 있는 니트,
다이마루 등의 원단을 봉제
할 때 시침핀 대신 고정용
으로 사용한다.

가와구찌 스티치
가이드 라이너 가정용
[09-063]

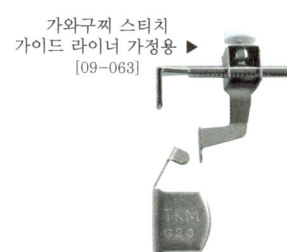

미싱에 고정해서 사용하는
것으로, 시접 끝을 가이드의
끝에 맞춰서 봉합하면, 일정
한 폭으로 봉합할 수 있다.
위의 사진은 나사 고정타입,
아래는 강력한 자석타입.

▲ 씨임 마그네틱
가이드 라이너
[11-634]

니트 원단을 정확하게 재단하기 위해서는 재단 도구가 필요하다. 마름질 작업 시 이리저리 움직이는 작업물을 꼭 잡아
주는 문진, 컷팅자와 함께 원형재단칼을 준비한다. 원형재단칼은 가위처럼 원단을 들어 올리지 않고 재단할 수 있어
원단이 어긋나는 것을 방지해준다. 재단할 때에는 칼날과 작업대가 상하지 않도록 반드시 컷팅매트 위에서 작업한다.

▼ 해피베어스 컷팅매트_브라운 90×62cm [63-246]

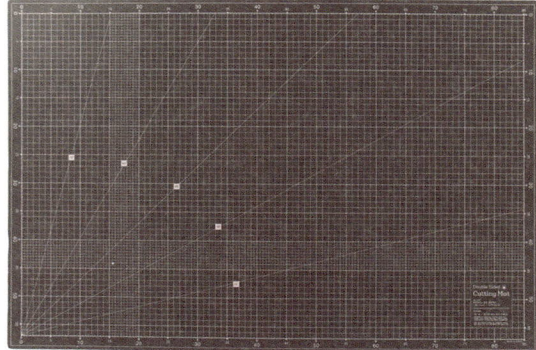

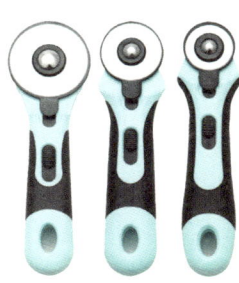

▲ HB 원형재단칼
60mm(HRC-M60)-좌 [65-864]
45mm(HRC-M45)-중앙 [65-865]
28mm(HRC-M28)-우 [65-866]

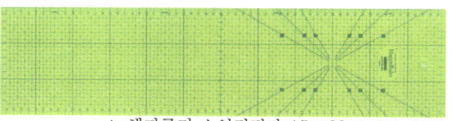

▲ 해피룰러 소잉컷팅자 15×60cm [41-678]

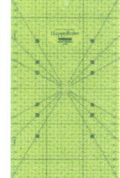

◀ 해피룰러
소잉컷팅자
15×30cm
[41-680]

▲ 와이즈
소잉웨이트
[64-195]

● 봉제하기 전 준비

니트 원단은 다루기가 까다롭기 때문에, 깔끔한 봉합을 위해 준비해야 할 일들을 알아봅시다.

①접착심 또는 늘어짐 방지 테이프를 붙인다

봉제를 시작하기 전, 신축성은 유지하면서도 필요 이상으로 늘리고 싶지 않은 곳에 접착심 또는 늘어짐 방지 테이프를 붙인다. 접착심은 안단이나 앞덧단 등에 부분적으로, 늘어짐 방지 테이프는 어깨선이나 목둘레 등에 사용한다.

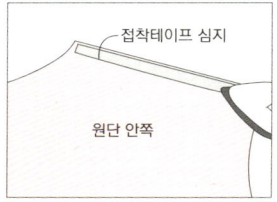

식서 실크 접착테이프 심지
& 소잉테이프(접착테이프 심지)

늘어나지 않아야 할 곳의 시접에
다리미로 다려 붙인다.

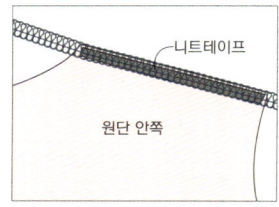

니트테이프

오버록 미싱은 전용 노루발을 사용
하여 함께 봉합하고, 가정용 미싱의
경우에는 지그재그봉제로 고정한다.

②표시를 한다

원단 끝의 올이 잘 풀리지 않는 경우에는 너치 표시를 하고, 올이 풀리기 쉬운 경우에는 펜초크를 사용하여 표시를 합니다.

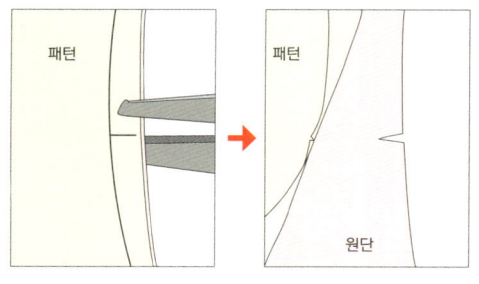

너치
원단 끝에서 3mm정도를 가위로 잘라
만드는 표시로, 패턴과 원단을 함께 자
르면 표시가 어긋나지 않는다.

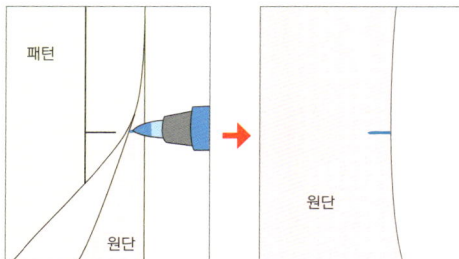

펜초크
패턴을 조금만 젖혀 원단에 표시를 준
다. 패턴을 너무 젖히면 표시가 어긋나
기 쉽기 때문에 주의한다.

③니트 원단용 봉제 도구를 준비한다

니트원단 봉제용 실, 바늘, 노루발은 필수(P.06 참고).
전용 도구를 사용하면 쉽게 봉제할 수 있습니다.

④시험 봉제를 한다

자투리 원단에 시험 봉제를 하여 깔끔하게 봉제되는지 확인하고, 동시에 바늘땀과 원단의 신축 상태도 함께 체크한다.
이때, 한 번 이상 사용한 바늘을 사용할 때는 특히 주의한다(눈에 보이지 않아도 바늘 끝이 살짝 구부러져 있거나 파손
이 있으면 니트 원단에 손상이 생길 수 있다).

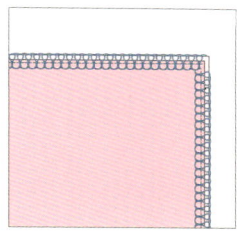

▲ 오버록 봉합

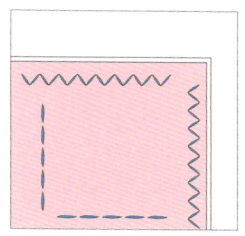

▲ 지그재그봉제 또는 직선봉제

⑤원단 끝을 정리한다

코가 조밀하게 짜여 올이 풀리지 않는 원단은 그냥 잘라내도 괜찮지만, 코가 성글게 짜여 올이 풀려버리는 원단은 원단
끝을 정리해 주어야 한다. 단, 오버록 미싱(2본침/4본사)으로 원단 끝을 정리할 때는 봉제와 동시에 원단 끝 마무리가
이루어지므로 따로 정리를 할 필요가 없다.

자른다

올이 풀리지
않는 원단

올이 풀리지 않는 원단은 끝
을 바로 잘라내도 깔끔하게
마무리된다.

가정용 미싱

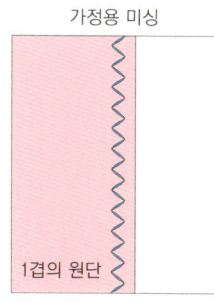

1겹의 원단

가정용 미싱의 지그재그 봉
제 기능을 이용하여 원단의
끝을 정리한다.

오버록 미싱

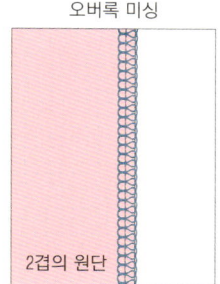

2겹의 원단

오버록 미싱은 봉제와 원단
끝의 정리가 한 번에 진행
된다.

일반적으로 니트 원단을 봉제할 때는 오버록 미싱을 많이 사용합니다. 오버록 미싱으로 봉제할 때는 니트 원단의
특성에 맞춰 원단이 늘어나거나 줄어들지 않게 처리하는 것이 포인트입니다. 사용하는 미싱의 브랜드나 기능에
따라 봉제 방법이 약간씩 달라질 수 있습니다.

● 미싱의 외부 명칭 및 용도

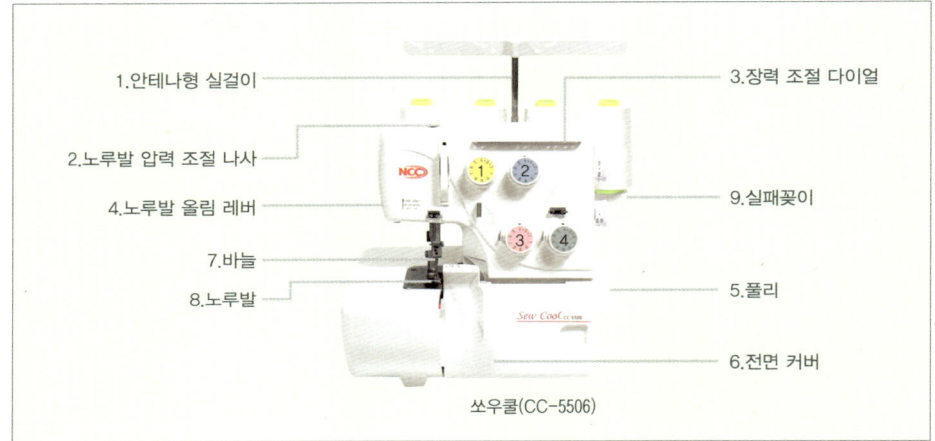

1.안테나형 실걸이
2.노루발 압력 조절 나사
4.노루발 올림 레버
7.바늘
8.노루발
3.장력 조절 다이얼
9.실패꽂이
5.풀리
6.전면 커버

쏘우쿨(CC-5506)

1.안테나형 실걸이
오버록 미싱에 실을 끼울 때 가장 먼저 끼우는 곳입니다.

2.노루발 압력 조절 나사
원단의 두께에 따라 노루발의 압력을 세게 또는 약하
게 조절하는 곳으로, 노루발을 올렸을 때 노루발 끝부
분과 노루발 압력 조절 나사가 서로 수평이 된 것이 기
본값입니다.

3.장력 조절 다이얼
1~4번실 각각의 장력을 조절할 수 있는 다이얼입니다.

다이얼		장력 조절실
	1번 다이얼	왼쪽 바늘실
	2번 다이얼	오른쪽 바늘실
	3번 다이얼	윗 루퍼실
	4번 다이얼	아랫 루퍼실

4.노루발 올림 레버
봉제를 시작 또는 마무리할 때, 노루발을 내리거나 올
릴 때 사용합니다.

5.풀리
풀리는 미싱이 작동될 때 함께 돌아가므로 봉제 도중에
만질 경우 다칠 위험이 있습니다. 또한, 봉제를 시작하
기 전 원단에 바늘을 고정할 때, 수동으로 풀리를 돌려
고정하는 용도로도 사용합니다.

6.전면 커버
윗 루퍼나 아랫 루퍼에 실 장착 시 전면 커버를 열고
장착합니다.

7.바늘
가정용 미싱바늘을 사용하며, 사용 호수는 11호(12호)
와 14호만 사용합니다(얇은 원단일 때는 11호, 두꺼운
원단일 경우에는 14호를 사용. 9호나 16호는 사용하지
않음). 얇거나 손상되기 쉬운 원단은 니트 전용 바늘을
사용하면 좋습니다.

8.노루발
원단이 어긋나지 않고 오버록 미싱 사이로 지나가도록
눌러주는 역할을 합니다.

9.실패꽂이
큰 실패 혹은 작은 실패를 장착할 때 사용합니다.

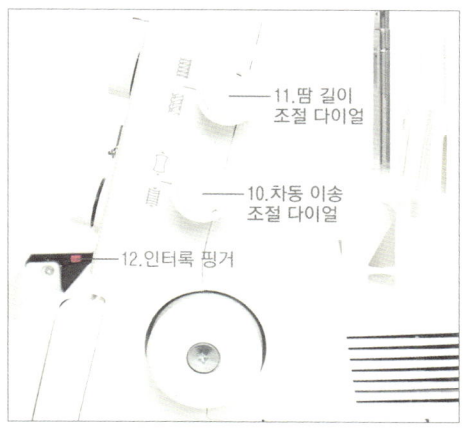

11. 땀 길이 조절 다이얼

10. 차동 이송 조절 다이얼

12. 인터록 핑거

10. 차동 이송 조절 다이얼

앞톱니와 뒤톱니의 비율을 조절하여 원단의 주름양을 조절할 때 사용합니다.

설정 값	앞 톱니 속도 : 뒤 톱니 속도
0.5	0.5 : 1.0
1.0	1.0 : 1.0
2.0	2.0 : 1.0

0.5 : 원단을 당기면서 봉제합니다(가장 이상적인 값).
1.0 : 톱니 차동 이송을 사용하지 않는 상태로, 두 톱니가 동일하게 움직입니다.
2.0 : 얇은 원단을 주름잡을 때 사용합니다(장력을 조절하여 주름의 양을 조절).

11. 땀길이 조절 다이얼

바늘땀의 길이를 길게 또는 짧게 조절할 수 있습니다.

12. 인터록 핑거

인터록 작업 시 변경하여 사용합니다.
(인터록:R, 오버록:S)

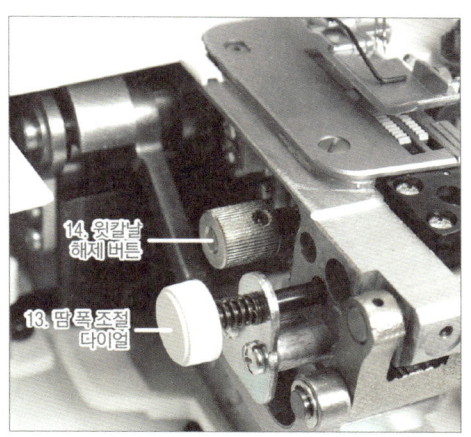

14. 윗칼날 해제 버튼

13. 땀 폭조절 다이얼

13. 땀 폭 조절 다이얼

오버록 또는 인터록의 땀 폭을 조절할 때 사용합니다.

14. 윗칼날 해제 레버

칼날을 사용 또는 고정할 때 사용합니다.

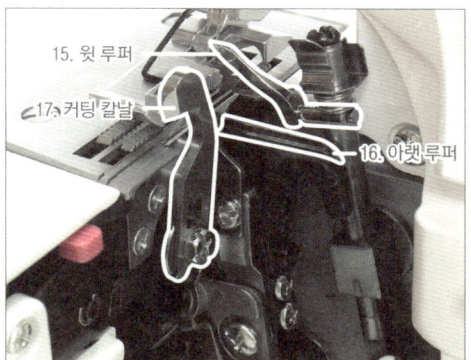

15. 윗 루퍼

17. 커팅 칼날

16. 아랫 루퍼

15. 윗 루퍼

오버록이나 인터록 작업 시 원단의 윗면 가로 방향으로 봉제가 될 때, 아랫 루퍼와 매듭이 지어지는 부분입니다.

16. 아랫 루퍼

오버록이나 인터록 작업 시 원단의 아랫면 가로 방향으로 봉제가 될 때, 윗 루퍼와 매듭이 지어지는 부분입니다.

17. 커팅 칼날

오버록이나 인터록 작업 시 원단의 끝을 잘라가며 정리해주는 부분입니다.

● 오버록 처리하기

원단의 올이 풀리는 것을 방지하기 위해 원단의 끝을 오버록 처리하여 정리합니다.

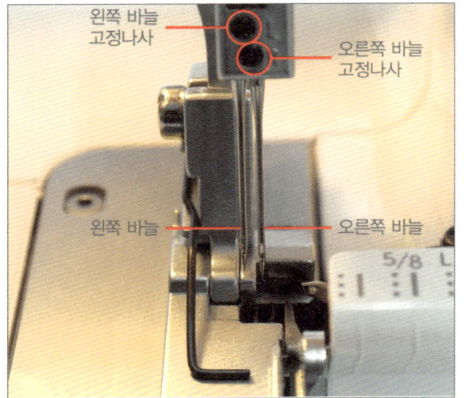

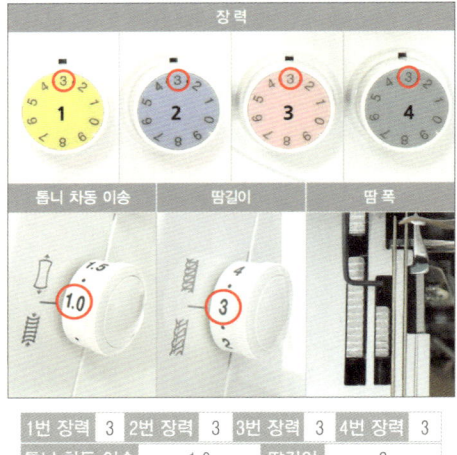

1. 오버록 처리를 위해 왼쪽 바늘 또는 오른쪽 바늘을 제거합니다(오른쪽 바늘을 제거하면 넓은 폭(7mm), 왼쪽 바늘을 제거하면 좁은 폭(5mm)의 오버록 처리가 된다).

1번 장력	3	2번 장력	3	3번 장력	3	4번 장력	3
톱니 차동 이송		1.0		땀길이			3
땀 폭	7mm	칼날		사용	인터록 핑거		S

2. 오버록 미싱을 위와 같이 설정합니다.

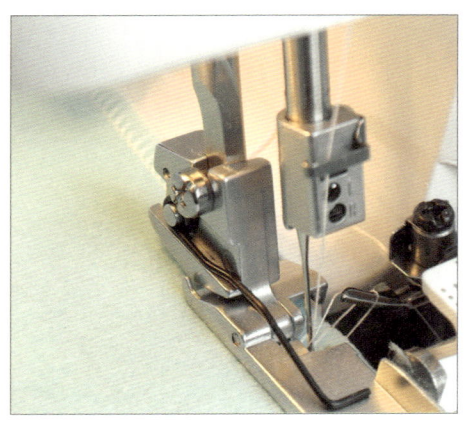

3. 노루발을 들어 원단을 아래에 넣고, 노루발을 내린 후 발판을 밟아 오버록 처리를 합니다.

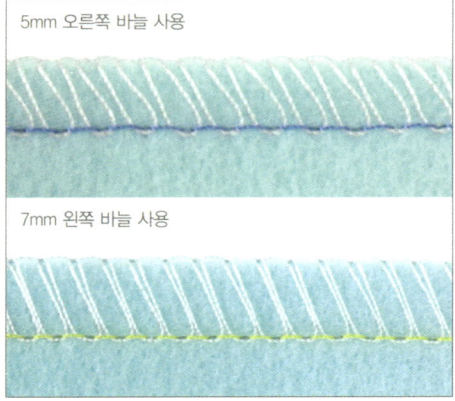

4. 오버록 처리가 완성되었습니다.
(※주의 : 오버록 처리할 때는 오른쪽과 왼쪽 바늘 중 사용할 바늘만 남기고 다른 바늘은 나사를 풀어 제거합니다)

● 오버록 봉합하기

두 장의 원단을 봉합하는 것과 동시에 올이 풀리는 것을 방지하기 위해 원단 끝을 정리하는 바느질입니다.

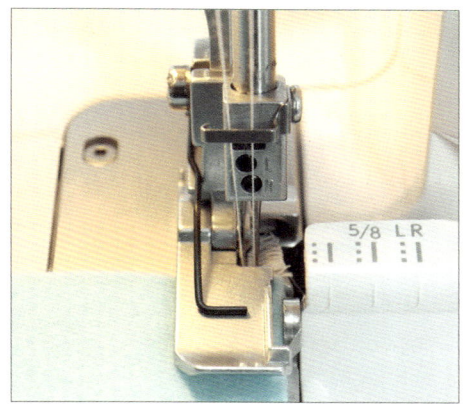

1. 오른쪽과 왼쪽 바늘에 모두 실을 끼운 다음, 노루발을 올리고 원단을 노루발 밑에 놓습니다.

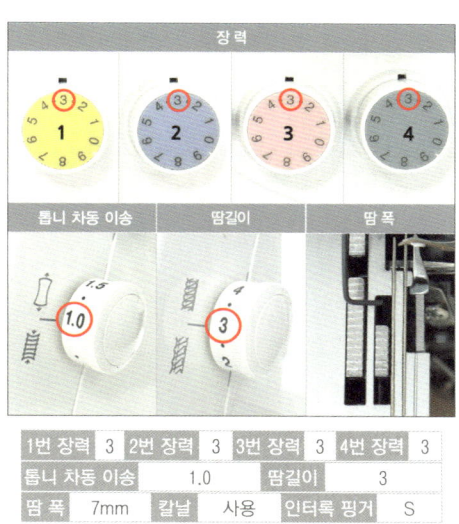

장력						
1번 장력	3	2번 장력	3	3번 장력	3	4번 장력	3
톱니 차동 이송		1.0		땀길이		3
땀 폭	7mm	칼날	사용	인터록 핑거		S

2. 오버록 미싱을 위와 같이 설정합니다.

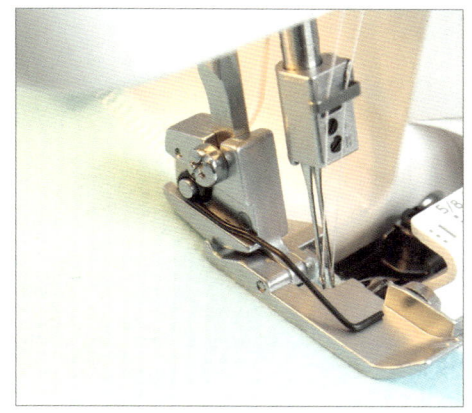

3. 노루발을 들어 원단을 아래에 넣고, 노루발을 내린 후 발판을 밟아 오버록 봉합을 합니다.

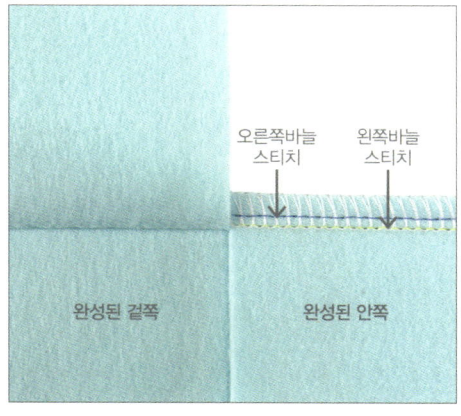

오른쪽바늘 스티치 　 왼쪽바늘 스티치

완성된 겉쪽 　 완성된 안쪽

4. 오버록 봉합이 완성되었습니다. 두 원단을 봉합하면서 오버록이 되기 때문에 별도의 본봉 작업이 필요 없습니다.

● 장력 조절 방법

※설명된 그림 속의 실색상은 오버록 미싱의 장력 다이얼 색상과 동일합니다.

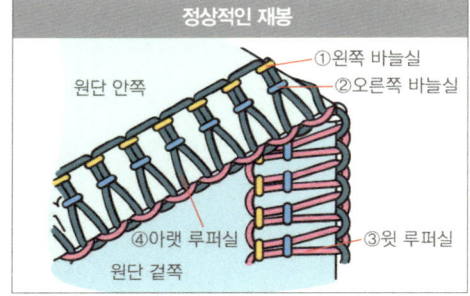

정상적인 재봉

- ①왼쪽 바늘실
- ②오른쪽 바늘실
- 원단 안쪽
- ④아랫 루퍼실
- ③윗 루퍼실
- 원단 겉쪽

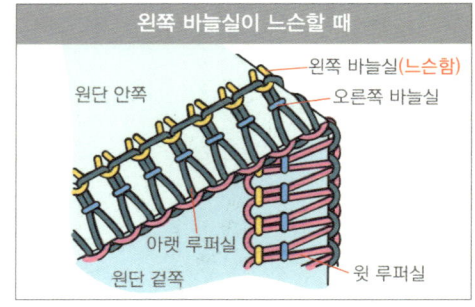

왼쪽 바늘실이 느슨할 때

- 왼쪽 바늘실(느슨함)
- 오른쪽 바늘실
- 원단 안쪽
- 아랫 루퍼실
- 윗 루퍼실
- 원단 겉쪽

1. 왼쪽 바늘실(1번 다이얼)의 장력을 높여줍니다.

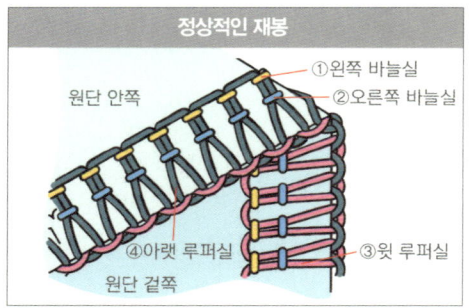

정상적인 재봉

- ①왼쪽 바늘실
- ②오른쪽 바늘실
- 원단 안쪽
- ④아랫 루퍼실
- ③윗 루퍼실
- 원단 겉쪽

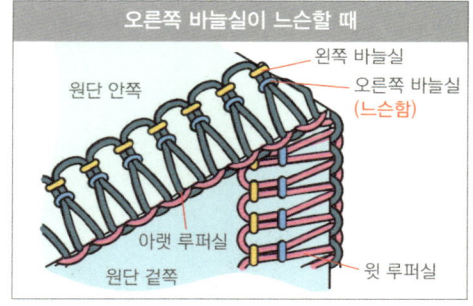

오른쪽 바늘실이 느슨할 때

- 왼쪽 바늘실
- 오른쪽 바늘실 (느슨함)
- 원단 안쪽
- 아랫 루퍼실
- 윗 루퍼실
- 원단 겉쪽

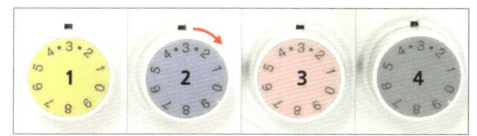

1. 오른쪽 바늘실(2번 다이얼)의 장력을 높여줍니다.

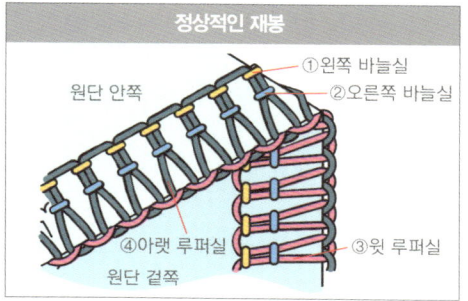

정상적인 재봉

①왼쪽 바늘실
②오른쪽 바늘실
원단 안쪽
④아랫 루퍼실
③윗 루퍼실
원단 겉쪽

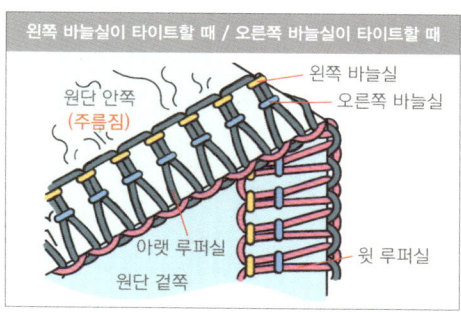

왼쪽 바늘실이 타이트할 때 / 오른쪽 바늘실이 타이트할 때

왼쪽 바늘실
오른쪽 바늘실
원단 안쪽
(주름짐)
아랫 루퍼실
윗 루퍼실
원단 겉쪽

1. 왼쪽 바늘실(1번 다이얼)의 장력을 낮추고(숫자 낮게), 오른쪽 바늘실(2번 다이얼)의 장력을 낮춰줍니다(숫자 낮게). 차동 이송 조절 다이얼은 0.5의 위치로 합니다.

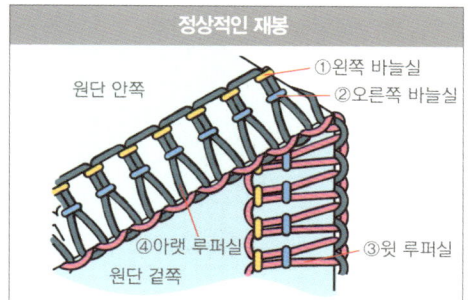

정상적인 재봉

①왼쪽 바늘실
②오른쪽 바늘실
원단 안쪽
④아랫 루퍼실
③윗 루퍼실
원단 겉쪽

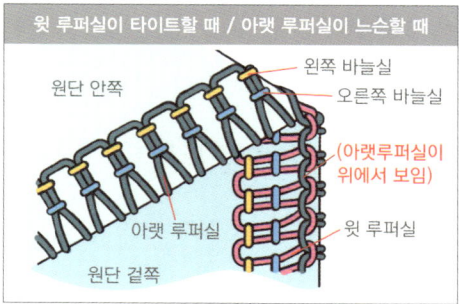

윗 루퍼실이 타이트할 때 / 아랫 루퍼실이 느슨할 때

왼쪽 바늘실
오른쪽 바늘실
원단 안쪽
(아랫루퍼실이 위에서 보임)
아랫 루퍼실
윗 루퍼실
원단 겉쪽

1. 윗 루퍼실(3번 다이얼)의 장력을 낮추고(숫자 낮게), 아랫 루퍼실(4번 다이얼)의 장력을 높여줍니다(숫자 높게).

장력 조절 방법

※설명된 그림 속의 실색상은 오버록 미싱의 장력 다이얼 색상과 동일합니다.

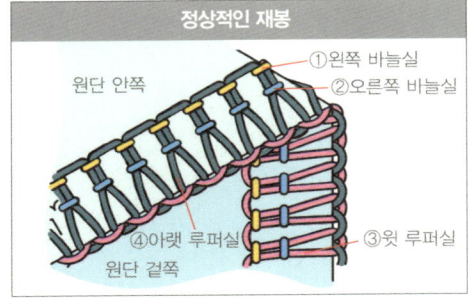

정상적인 재봉

- 원단 안쪽
- ①왼쪽 바늘실
- ②오른쪽 바늘실
- ④아랫 루퍼실
- ③윗 루퍼실
- 원단 겉쪽

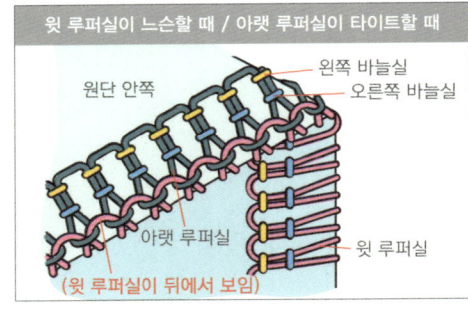

윗 루퍼실이 느슨할 때 / 아랫 루퍼실이 타이트할 때

- 원단 안쪽
- 왼쪽 바늘실
- 오른쪽 바늘실
- 아랫 루퍼실
- 윗 루퍼실
- (윗 루퍼실이 뒤에서 보임)

1. 윗 루퍼실(3번 다이얼)의 장력을 높이고(숫자 높게), 아랫 루퍼실(4번 다이얼)의 장력을 낮춰줍니다(숫자 낮게).

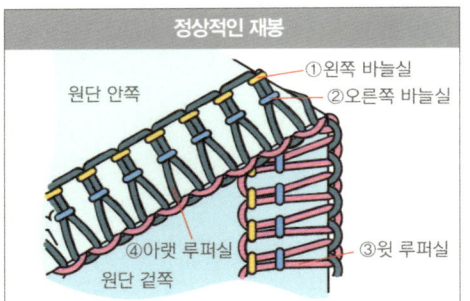

정상적인 재봉

- 원단 안쪽
- ①왼쪽 바늘실
- ②오른쪽 바늘실
- ④아랫 루퍼실
- ③윗 루퍼실
- 원단 겉쪽

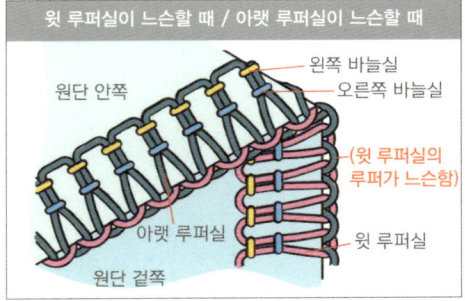

윗 루퍼실이 느슨할 때 / 아랫 루퍼실이 느슨할 때

- 원단 안쪽
- 왼쪽 바늘실
- 오른쪽 바늘실
- (윗 루퍼실의 루퍼가 느슨함)
- 아랫 루퍼실
- 윗 루퍼실
- 원단 겉쪽

1. 윗 루퍼실(3번 다이얼)의 장력을 높이고(숫자 높게), 아랫 루퍼실(4번 다이얼)의 장력을 낮춰줍니다(숫자 낮게).

2색 단뜨기 플렛록

오버록 미싱을 이용하여 밑단을 정리할 수 있습니다. 봉제 한 번으로 안쪽에는 오버록 처리가 되고 겉쪽에는 단뜨기가 됩니다.

1. 2색 플랫록을 하기 위해서는 윗 루퍼에 컨버터 부속품을 사진처럼 장착합니다.

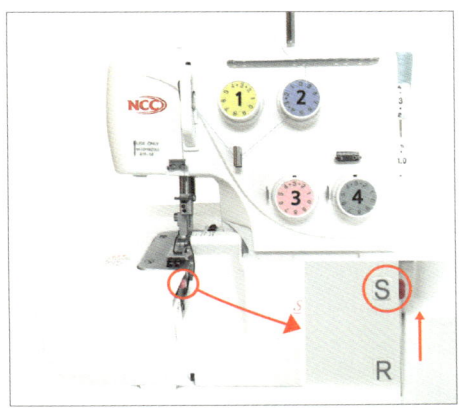

2. 2번실(오른쪽 바늘)과 4번실(아랫 루퍼실)을 장착합니다 (1번(왼쪽 바늘)과 3번(윗 루퍼실)은 사용하지 않습니다. 왼쪽 바늘은 반드시 제거합니다). 인터록 핑거는 S로 설정합니다. 이때, 아랫 루퍼실은 라라실을 사용하면 좀 더 깔끔하게 봉제됩니다.

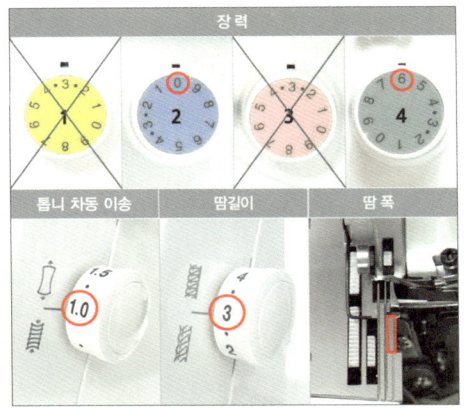

3.

2번 장력	0	4번 장력	6	톱니 차동 이송	1.0
땀길이	3	땀 폭	최소	칼날	사용	인터록 핑거	S

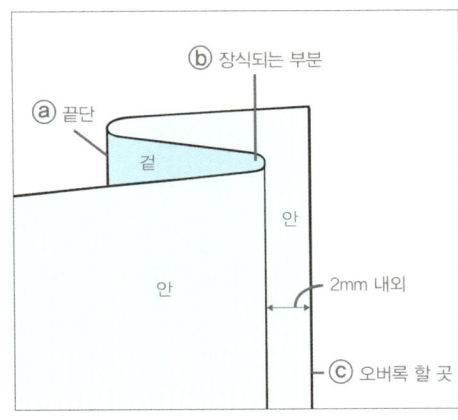

4. 봉제할 원단의 안쪽 면에서 그림과 같이 접어줍니다.

● 2색 단뜨기 플렛록

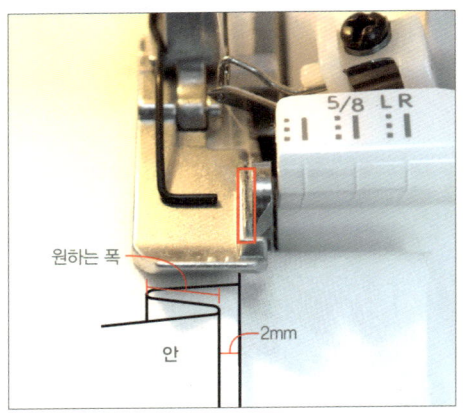

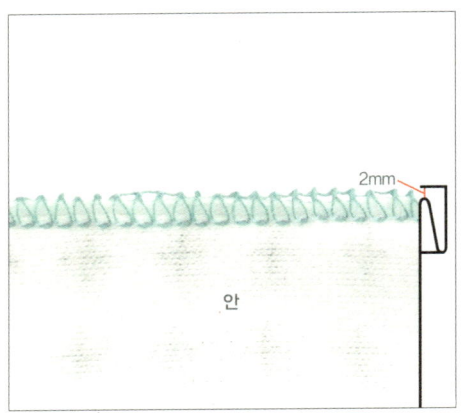

5. 노루발에 표시된 부분에 접힌 부분이 맞춰지도록 놓고, 봉제합니다.

6. 봉제가 된 모습입니다.

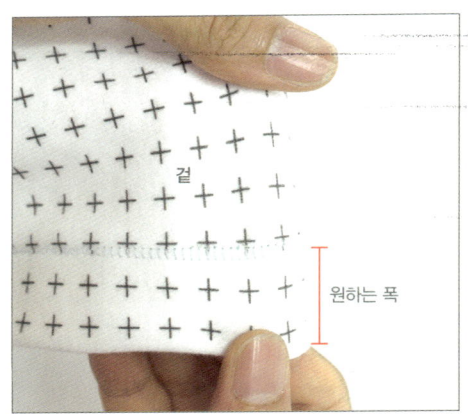

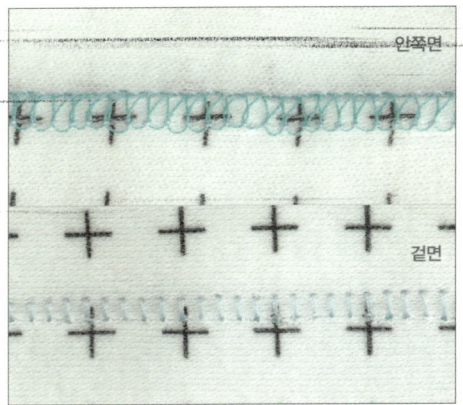

7. 접었던 원단을 펼치고, 봉제된 부분을 조금씩 당겨줍니다.

8. 플렛록이 완성되었습니다.

심플소잉 용인 죽전점 개점을 축하합니다.
심플소잉 남양주 별내점 개점을 축하합니다.

Natural Sewing Life

Simple  Sewing

심플소잉NCC

내 삶의 즐거움과 행복을 더해주는 심플소잉NCC 대리점

경인지역
화성 동탄점 070-4190-3830, 분당 수내점 031-711-0015, 용인 죽전점 031-265-0301
수지 신봉점 031-264-3769, 부천 상동점 070-7641-0305, 수원 영통점 031-273-9411,
평택 소사벌점 031-651-7794, 일산 주엽점 031-906-6577, 이천 창전점 031-638-0251,
경기광주 오포점 031-767-6415, 수원 광교점 031-211-3885, 인천 구월점 032-233-0708,
남양주 별내점 031-572-7353, 용인 죽전점 031-265-0301

충청지역
천안 백석점 070-4078-9135, 청주 가경점 043-232-0306, 청주 율량점 043-900-3579,
충남 당진점 070-4104-9320, 대전 탄방점 042-487-8265, 대전 노은점 070-7776-5337,
천안 신방점 041-579-7275, 아산 배방점 041-532-5476, 서산 예천점 041-665-0607,
제천 중앙점 043-642-3106, 세종 나성점 070-8820-8922,

경상지역
대구 범어점 053-201-0060, 부산 미남역점 051-741-3887, 부산 화명점 051-365-1591,
울산 남구점 052-271-1188, 울산 화정점 052-234-2194, 울산 성안점 052-248-8671,
포항 북부점 054-615-4004, 창원 남양점 055-263-5662, 안동 북문점 054-852-5662,
경주 노서점 054-771-6349, 김해 내외점 055-337-5744, 양산 물금점 055-388-3636

전라지역
광주 충장점 062-225-5662, 광주 수완점 062-653-2335, 순천 장천점 061-900-9965,
목포 하당점 061-287-8155, 군산 지곡점 063-468-6338, 전주 송천점 063-278-1088,
나주 빛가람점 061-336-6055

강원, 제주지역
제주시 제주점 064-733-5151, 원주 중앙점 033-742-9884

누구나 생각하던 일반적인 '공방'이 아닙니다.

소잉에 필요한 원단, 부재료, 패턴, 서적의
다양하고 풍성한 상품구성 공간!

그동안 눈으로만 봤었던 "재봉틀(미싱)"을
샵에서 직접 만져보고 체험 할 수 있는 공간!

본사의 체계적인 관리와 교육을 마스터한
전문강사와 다양한 과정의 수준높은 소잉교육
공간!

눈으로 보고, 손으로 만져보고, 몸으로 체험하는
국내최초 신개념 소잉 복합공간, 소잉DIY 전문
멀티샵 입니다.

심플소잉NCC 대리점은 소잉을 통한 즐거움과
행복으로 더욱 풍성해지고 가치있는 삶을
전해드립니다.

대리점 개설 상담 및 문의
(NCC미싱 사업부) 1644-5662
웹페이지
www.nccmising.com

기본에 충실한 소잉 생활필수품

오버록 & 인터록에 관하여 최상의 봉제 퀄리티를
보여주며 뛰어난 내구성과 편의기능을 구현한
오버록 미싱입니다.

CC-5506 "쏘우쿨"

컨버터	땀 길이 조절 다이얼	톱니 차동 이송 조절 레버
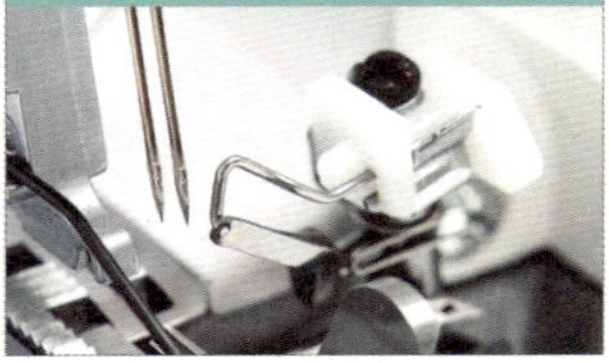 		
컨버터를 장착하여 실을 2개만 장착하여도 재봉이 가능합니다.	1~4mm까지 자유롭게 조절 가능하며 인터록 재봉시에는 "R"로 설정하면 됩니다.	차동 이송 조절 레버는 고무줄과 셔링 잡기 작업을 도와주는 역할을 하며, 얇은 소재의 원단이나 다이마루, 기타 스판성이 있는 원단들을 오버록 처리할 때 발생하는 시임퍼커링 현상을 줄여줍니다.

Korea Sewing Leading Brand
대한민국 소잉 대표 브랜드

검색창에 NCC미싱 ▼  을 쳐보세요.

문의전화 1644-5662
홈페이지 www.nccmising.com

편하고, 예쁘게

깔끔하게 떨어지는 I라인의 원피스는
예쁜 실루엣으로 편하게 입을 수 있어 좋습니다.
소매는 팔을 가늘어 보이게 하는 칠부 길이로,
목둘레의 개더는 끈을 당겨 줄이는
디자인으로 만들었습니다.
개더의 끈을 원하는 대로 조절해서 입어보세요.

no.	item	color
03	one-piece	

개더넥 원피스

HOW TO MAKE ≫ p.54 실물크기 패턴 2면 【8】

소매와 칼라를 쉽게!

어려울 것 같아 보이는 소매와 칼라 달기.
하지만 이 디자인은 소매와 몸판이 이어져 있어
소매를 따로 달 필요가 없습니다.
칼라도 직사각형의 패턴을 달아주기만 하면 되기 때문에
어렵지 않게 완성할 수 있습니다.
소매 둘레선이 없는 디자인이기 때문에
체형에 상관없이 편하게 입을 수 있습니다.

no.	item	color
04	one-piece	

코트 원피스

HOW TO MAKE >> p.45 사진 제작 설명서   실물크기 패턴 1면【3】

심플하면서 아름다운

심플한 실루엣의 원피스에 허리 절개를 넣고
스커트에 주름을 충분히 잡아 완성했습니다.
가볍고 차분한 컬러의 원단으로 만드는 것을 추천합니다.
작고 심플한 액세서리와 함께 코디하면
어른스러우면서도 귀여운 느낌으로
연출할 수 있습니다.

no.	item	color
05	one-piece	■

웨이스트 절개 원피스

HOW TO MAKE ≫ p.56   실물크기 패턴 4면 【20】

울 저지는 자르기만 해도
멋진 스톨이 되는 편리한 원단입니다.

13

어른스러움을 더해주는 옷

심플하고 차분한 느낌으로 입을 수 있는 카슈쾨르 원피스.
스커트 부분에 턱을 잡아 깔끔한 실루엣으로 만들었습니다.
차분한 컬러의 무지로 만들어 아우터처럼 걸쳐 입어도 좋습니다.

no.	item	color		
06	one-piece			

카슈쾨르 원피스

HOW TO MAKE » p.58   실물크기 패턴 2면【10】

소녀처럼, 어른처럼

둥근 칼라, 퍼프 소매, 로 웨이스트가
소녀같은 느낌의 원피스입니다.
스커트 양 옆선의 턱, 앞몸판의 핀턱,
칼라 둘레의 트임 방식,
웨이스트의 위치에 포인트를 주었습니다.

no.	item	color
07	one-piece	

둥근 칼라 핀턱 원피스

HOW TO MAKE ≫ p.60   실물크기 패턴 1면 【5】

편안하게, 자연스럽게

p.12 원피스의 스커트 부분을 페플럼으로 바꿔
블라우스로 만들었습니다.
함께 코디한 하프 팬츠는 허리에 고무줄을 넣어
편안하고 날씬해 보이는
실루엣으로 디자인했습니다.
허리나 배가 신경쓰이는 분에게
추천하는 아이템입니다.

no.	item	color	
08	blouse		

페플럼 블라우스

HOW TO MAKE ≫ p.56   실물크기 패턴 4면【21】

no.	item	color	
09	pants		

하프 팬츠

HOW TO MAKE ≫ p.62   실물크기 패턴 4면【22】

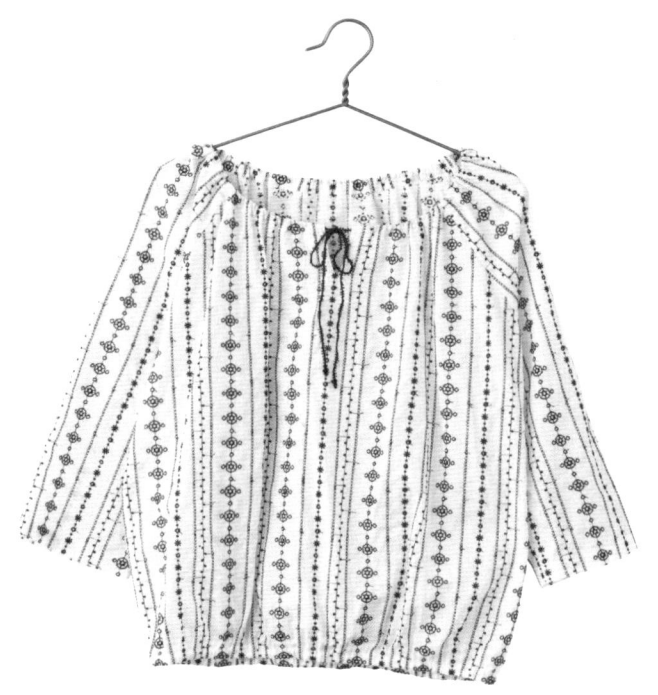

여유있게, 깔끔하게

p.8의 원피스를 블라우스 길이로 만들고,
밑단에 고무줄을 넣었습니다.
몸에 딱 맞는 옷보다 적당히 여유가 있는 옷이
더 깔끔하고 편안해 보입니다.
와이드 팬츠는 허리 둘레를 몸에 딱 맞게,
바지 밑단은 넉넉하게 만들어
깔끔한 실루엣으로 완성했습니다.

no.	item	color
10	blouse	

개더넥 블라우스

HOW TO MAKE >> p.54   실물크기 패턴 2면【9】

no.	item	color
11	pants	

와이드 팬츠

HOW TO MAKE >> p.62   실물크기 패턴 1면【6】

좋아하는 색과 무늬로 즐기기

네크라인이 깔끔한 티셔츠는 어디서나 입을 수 있어 좋습니다.

스커트는 허리에 고무줄을 넣어 간단하게 완성했습니다.

간단한 디자인이기 때문에 원단의 색과 무늬에 따라

느낌이 확 달라집니다. 원단 선택에 신경 써주세요.

no. 12	item cut and sewn	color

보트넥 티셔츠

HOW TO MAKE 》 p.52   실물크기 패턴 2면【12】

no. 13	item skirt	color

고무줄 스커트

HOW TO MAKE 》 p.64

뒷모습도 사랑스럽게

p.4의 원피스를 응용하여 A라인의 튜닉으로 만들었습니다.
뒷몸판에 달린 리본이 귀여움을 더해줍니다.
스티치가 들어간 데님 레깅스는 스트레치 소재의 원단으로 만들어
착용감이 좋고, 밑단을 롤업할 수 있도록 조금 긴 길이로 만들었습니다.

no.	item		color
14	tunic		

A라인 튜닉

HOW TO MAKE ≫ p.50   실물크기 패턴 1면【2】

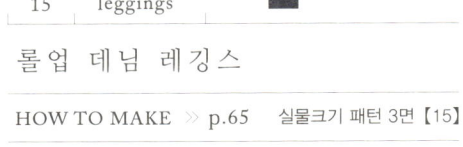

no.	item		color
15	leggings		

롤업 데님 레깅스

HOW TO MAKE ≫ p.65   실물크기 패턴 3면【15】

잠깐의 외출에도 예쁘게

깔끔하게 파인 스퀘어 네크라인과 손목이 살짝 보이는 소매 길이가
심플하면서 여성스러운 느낌의 블라우스입니다.
팬츠는 p.20과 같은 모양이지만 바지 중심을 봉제하여 선을 잡고,
밑단을 접어 발목이 살짝 보이는 길이로 만들었습니다.

no.	item	color
16	blouse	

스퀘어넥 블라우스

HOW TO MAKE ≫ p.49   실물크기 패턴 2면【14】

no.	item	color
17	pants	

9부 와이드 팬츠

HOW TO MAKE ≫ p.62   실물크기 패턴 1면【7】

귀여운 에이프런

집안일에 빠질 수 없는 에이프런.

주머니는 조금 크게 만들고,

스커트는 충분한 개더를 잡아 완성했습니다.

단정하고 귀여운 에이프런이 집안일을 즐겁게 만들어 줍니다.

no. 18	item apron	color ☐

살로페트(salopette) 에이프런

HOW TO MAKE ≫ p.66   실물크기 패턴 4면【26】

집안일도 멋스럽게

머리 위로 쑥 뒤집어 쓰는
간편한 원피스 스타일의 에이프런.
착용하기 편하고 실루엣이 예쁘기 때문에
매일 입고 싶어지는 디자인입니다.

no. **19**   item **apron**   color

원피스 에이프런

HOW TO MAKE ≫ p.68   실물크기 패턴 3면【18】

29

기본으로 가지고 있으면 좋은 옷

기본 아이템으로 한 개쯤 가지고 있으면 좋은 퀼팅 재킷.

무지의 재킷을 가지고 있다면,

화려한 무늬의 원단으로 만들어 보는 것은 어떨까요?

스타일링에 화려함을 더해주는,

자랑하고 싶은 아우터가 되어줄 것입니다.

no.	item	color
20	coat	

퀼팅 재킷

HOW TO MAKE ≫ p.70   실물크기 패턴 3면【16】

차가운 바람으로부터 목을 따뜻하게

p.10의 원피스에서 칼라 모양을 바꾸고,
울 원단을 이용해 따뜻한 코트를 만들었습니다.
칼라에 단추가 달려있어 스탠드 칼라로도 입을 수 있습니다.
토트백은 가방 입구에 달린 리본을 묶으면
콤팩트한 사이즈로 변신하는 귀여운 아이템입니다.

no.	item	color
21	coat	

스탠드 칼라 코트

HOW TO MAKE ≫ p.45 사진 제작 설명서   실물크기 패턴 1면 【4】

no.	item	color
22	tote bag	

토트백

HOW TO MAKE ≫ p.79

뒷몸판의 턱이 깔끔한 느낌을 줍니다.

포근하고 따뜻하게

돌먼 소매의 상의 위에 아우터를 입으면
소매 아래가 잘 움직이지 않아 불편합니다.
그럴 때 편하게 입을 수 있는 아우터를 고민하다가
소매가 여유 있는 코트를 디자인했습니다.
짧은 길이로 만들어도 귀엽습니다.

no. 23	item coat	color

노 칼라 코트 (롱)

HOW TO MAKE 》 p.72 실물크기 패턴 4면【23】

no. 24	item coat	color

노 칼라 코트 (숏)

HOW TO MAKE 》 p.72 실물크기 패턴 4면【24】

어른스러우면서도
귀엽게

수수한 느낌의 원단에 여성스러움을 더한 디자인으로
어느 옷에나 가볍게 걸쳐 입기 좋은 코트입니다.
린넨 원단으로 만들면 초봄과 초가을에
입기 좋은 코트가 됩니다.

no.	item	color
25	coat	

테일러드 칼라 코트

HOW TO MAKE ≫ p.74   실물크기 패턴 3면 【17】

비가 와도 기분이 좋은

나일론으로 만든 판초 코트는 편하게 움직일 수 있도록
이음이나 단추의 위치에 신경 썼습니다.
후드는 쉽게 벗겨지지 않도록 조금 타이트하게 만들었습니다.
플리스(fleece) 원단으로 만들면
아웃도어로도 손색없는 따뜻한 방한복이 됩니다.

no.	item	color		
26	coat			

판초 코트(나일론/플리스)

HOW TO MAKE ≫ p.76   실물크기 패턴 4면【25】

여유로운 날

아무 일도 없는 한가로운 날에 잘 어울리는 홈웨어입니다.

부드럽고 폭신한 원단으로 만들었습니다.

상의는 보트넥 티셔츠에

칼라, 소맷부리천, 밑단천을 더해 완성하고

하의는 편하게 입을 수 있도록 배기 팬츠로 만들었습니다.

no.	item	color
27	sweat	■

하이넥 트레이너

HOW TO MAKE ≫ p.78   실물크기 패턴 2면【13】

no.	item	color
28	pants	■

배기 팬츠

HOW TO MAKE ≫ p.78   실물크기 패턴 3면【19】

■ 사이즈에 대해서

이 책의 각 사이즈의 채촌 치수는 오른쪽의 표를 참고하고 있습니다. 만드는 방법 페이지의 완성 사이즈를 참고하여 적절한 사이즈의 패턴을 선택하여 사용하세요.

※모델의 키는 165cm, M사이즈를 착용하였습니다.

(단위 : cm)

	S	M	L	LL
가슴둘레	79	83	87	91
허리둘레	63	67	71	75
엉덩이둘레	86	90	94	98
신장	153 ～ 160		160 ～ 167	

■ 완성 사이즈

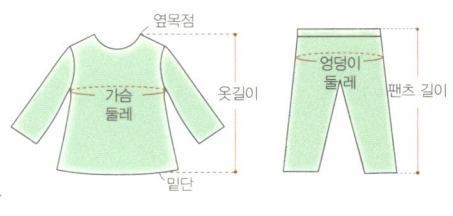

■ 원단에 대해서

만드는 방법 페이지의 재료를 참고하여 작품에 어울리는 원단을 사용해주세요.
시중에서 판매 중인 원단은 올방향이 비뚤어져 있거나, 세탁 후 크기가 줄어들 수도 있기 때문에 제작 전에 원단 선세탁, 원단 바로잡기 작업을 합니다. 단, 울 등의 특수한 원단은 구입처에서 주의사항을 확인해주세요.

〈원단 선세탁〉

병풍접기한 원단을 충분한 물에 한 시간 정도 담가 둔 다음, 가볍게 짜서 올방향을 정리하고 살짝 덜 마른 상태까지 그늘에서 말린다

※니트 원단의 경우에는 원단을 비틀어 짜면 늘어나기 때문에 가볍게 손으로 눌러 물기를 제거하고 평평한 곳에서 말린다

〈원단 바로잡기〉

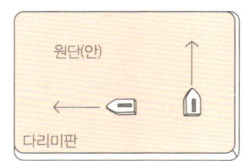

올방향이 직각이 되도록 정리하고, 올방향을 따라 원단 안쪽에서 다림질한다

※니트 원단의 경우에는 스팀 다리미로 늘어나지 않도록 주의해가면서 다림질한다

■ 원단과 바늘, 실의 관계

원단의 종류	얇은 원단	일반 두께 원단	두꺼운 원단
	론 (리버티 프린트), 보일 등	덩거리, 옥스퍼드 등	데님, 울, 압축 울 등
바늘	9호 미싱바늘	11호 미싱바늘	16호 미싱바늘
실	파인 프라임실	프라임실	스티치 프라임실

■ 패턴에 대해서

• 실물크기 패턴에 게재되어 있는 패턴의 선이 겹쳐져 인쇄되어 있습니다. 만드는 방법 페이지에서 필요한 부분을 확인하고, 패턴지나 트레이싱 페이퍼 등의 비치는 종이에 베껴 사용해주세요.

• 실물크기 패턴에는 시접이 포함되어 있지 않습니다. 재단배치도를 확인하고, 지정된 시접을 더해주세요.

• 직선으로 이루어진 작품은 패턴이 포함되어 있지 않습니다. 재단배치도의 치수를 참고하여 원단에 직접 선을 그려 재단해주세요.

완성선	————	턱
올방향선	←——→	
주름	∿∿∿∿	
골선	– – – –	
안단선	–·–·–·	

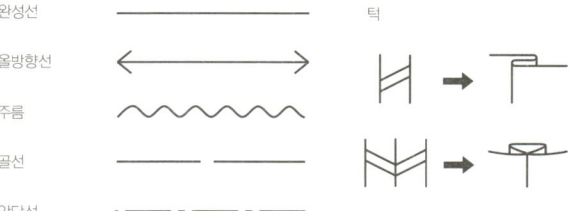

〈패턴 만드는 방법〉

베낄 패턴의 모서리에 형광펜 등으로 표시를 한다

패턴 위에 패턴지 등의 비치는 종이를 겹치고, 사이즈를 확인하면서 베낀다

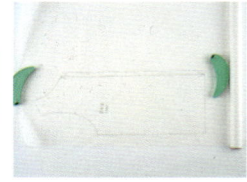

맞춤점이나 패턴 이름도 꼼꼼하게 베낀다

시접의 폭을 재단배치도로 확인하고, 자를 사용하여 완성선과 평행하게 시접을 주어 재단선을 그린다

전부 그리면 패턴 완성

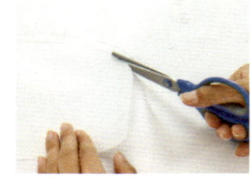

그려준 재단선을 따라 자른다

■ 재단 배치도에 대해서

기본적으로 재단 배치도는 원단을 겉끼리 맞댄 상태로 그려져 있습니다. 기화성 펜을 사용하는 경우에는 원단을 안끼리 맞대어 패턴을 그려도 상관없습니다.

겉끼리 맞댄다 … 원단을 반으로 접었을 때, 안쪽면이 겉으로 오게 하는 것

안끼리 맞댄다 … 겉끼리 맞댄다의 반대로, 원단을 반으로 접었을 때, 바깥쪽이 겉으로 오게 하는 것

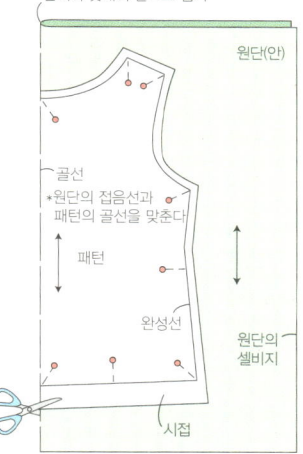

겉끼리 맞대어 반으로 접기
원단(안)
골선
★원단의 접음선과 패턴의 골선을 맞춘다
패턴
완성선
원단의 셀비지
시접

〈원단의 양을 결정하는 방법〉

❶ 원단 폭이 110cm인 경우
세로는 길게 그려 둔다
=11cm

❷ 52cm라면 =5.2cm
60cm라면 =6cm

❸ 30cm라면 =3cm

❶ 종이에 원단폭의 1/10 사이즈로 사각형을 그린다.
❷ 패턴의 세로, 가로의 가장 긴 부분을 재고, 1/10사이즈의 사각형을 그린다.
❸ ❷번의 사각형을 ❶번 안에 필요 장수를 늘어놓는다. 자로 세로의 길이를 재고, 그 길이를 10배로 한 것이 필요한 원단의 양이 된다.

■ 단춧구멍 만드는 방법

〈단춧구멍의 길이〉

★ = 단추 지름+단추 두께
단춧구멍의 길이는 ★에 맞춰 결정한다.
대부분의 가정용 미싱은 부속품인 단춧구멍 노루발에 사용하고 싶은 단추를 끼우기만 하면 단춧구멍 길이가 결정된다.

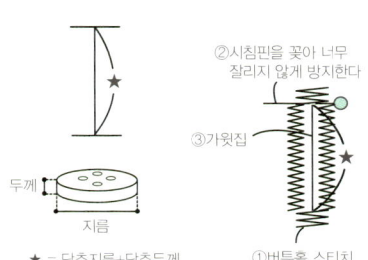

②시침핀을 꽂아 너무 잘리지 않게 방지한다
③가윗집
★
두께
지름
①버튼홀 스티치
★ = 단추지름+단추두께

〈단춧구멍의 위치〉

패턴에는 단추다는 위치가 표시되어 있습니다.
단춧구멍은 단추다는 위치로부터 오른쪽(위쪽)으로 0.2~0.3cm 이동한 지점에서 만들기 시작합니다.

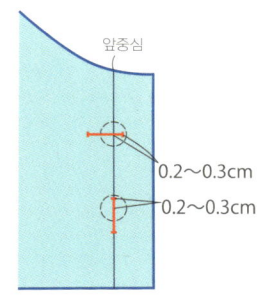

앞중심
0.2~0.3cm
0.2~0.3cm

■ 바이어스테이프 만드는 방법

올방향에 대하여 45도로 자른 원단을 바이어스천이라고 합니다. 자른 원단을 필요한 만큼 연결하면 바이어스테이프가 됩니다.

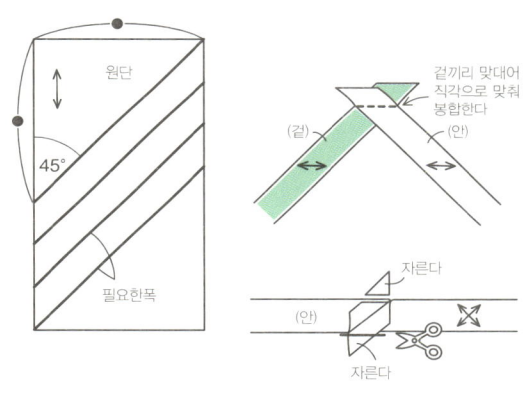

원단
45°
필요한폭
겉끼리 맞대어 직각으로 맞춰 봉합한다
(겉)
(안)
자른다
(안)
자른다

〈시접 다는 방법〉

소맷부리: 소맷부리 양 끝의 시접이 부족하지 않도록 시접을 줍니다.

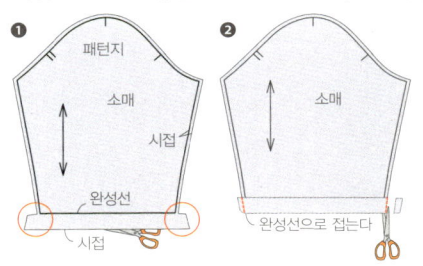

❶ 패턴지 / 소매 / 시접 / 완성선 / 시접
❷ 소매 / 완성선으로 접는다
❸ 소매 / 완성선 / 시접

❶소매의 시접 달기가 끝나면 소맷부리 모서리의 주위를 크게 남기고 패턴을 자른다.
❷소맷부리를 완성선으로 접어 올리고, 소매 옆선의 시접선을 따라 남은 시접을 자른다.
❸소맷부리에 딱 맞는 시접이 생긴다.

밑단: 밑단의 양 옆선의 시접이 남지 않도록 시접을 줍니다.

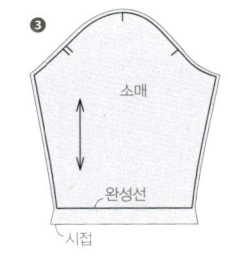

❶ 패턴지 / 몸판 / 시접 / 완성선 / 시접
❷ 몸판 / 완성선으로 접는다
❸ 몸판 / 완성선 / 시접

❶몸판의 시접 달기가 끝나면 밑단 모서리의 주위를 크게 남기고 패턴을 자른다.
❷ 밑단을 완성선으로 접어 올리고, 몸판 옆선의 시접선을 따라 남은 시접을 자른다.
❸ 밑단에 딱 맞는 시접이 생긴다.

■ 접착심 붙이는 방법

접착심을 붙일 원단의 안쪽에 접착심의 접착면을 겹쳐, 덧대는 종이를 대고 다리미로 끝에서부터 눌러 접착합니다.

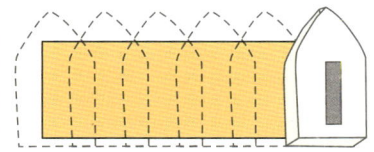

접착면에 틈이 생기지 않도록 다리미를 조금씩 옮겨가며 꼼꼼하게 눌러 접착합니다. 열이 완전히 식을 때까지 기다렸다 사용합니다.

■ 여러가지 금속 장식

이 책의 작품에는 3종류의 단추(봉합해 다는 식이 아닌 단추)를 사용하고 있습니다.
단추는 작품의 원단이나 디자인에 맞춰 고릅니다. 다는 방법은 각각의 상품 설명서를 따라주세요.

도트 단추

두꺼운 원단이나 가죽에도 달 수 있는 단추. 반대로 얇은 원단에 사용하면 단추가 헐겁게 달릴 수 있으니 주의합니다.

도트 단추 기구

적합한 원단
두꺼운 원단/퀼팅, 데님 등

T단추

플라스틱으로 만든 가벼운 단추. 얇은 원단에도 사용할 수 있습니다. T단추용 기구를 사용하지 않고 달 수 있는 타입도 있습니다.

T단추용 기구

적합한 원단
얇은 원단/나일론, 론 등

가시도트 단추

링 스냅 단추라고도 불립니다. 끝이 뾰족한 다리를 원단에 끼우고, 가시도트 단추 기구로 고정합니다.

가시도트 단추 기구

적합한 원단
중간 두께 원단~얇은 원단/플리스, 코튼, 리넨 등

■ 간단한 패턴 수정

[길이는 딱 좋은데 품이 조금 불편하다...]
[품은 딱 좋은데, 길이가 짧다...]
이럴 때 패턴을 몸에 맞게 수정하면
자신의 몸에 잘 맞고 오래 입을 수 있는 옷을 만들 수 있습니다.

품은 M사이즈이지만 키가 크다

↓

몸판의 폭은 M사이즈의 선으로 그리고, 밑단 완성선은 L로 그린 후 옆선과 밑단선을 연결합니다.

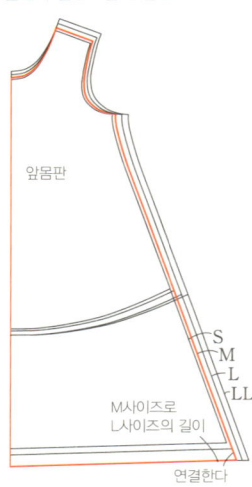

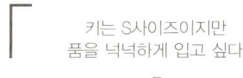

키는 S사이즈이지만 품을 넉넉하게 입고 싶다

↓

몸판의 폭은 LL사이즈의 선으로 그리고, 밑단 완성선은 S사이즈로 그린 후 옆선과 밑단선을 연결합니다.

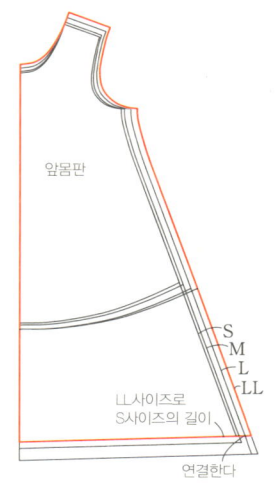

■ 그 외의 수정

〈몸판의 폭을 바꾼다〉

앞몸판과 뒷몸판의 양 옆선에 종이를 더하고, 넓히고 싶은 폭을 네 군데에 균등하게 분산시켜 더합니다. 예를 들어 둘레를 2cm 넓히고 싶은 경우, 앞몸판, 뒷몸판의 양 옆선을 5mm씩 크게 수정하면 전체에 2cm가 더해집니다. 몸판이 커지면 소매 양 옆의 곡선이 부족해지기 때문에 종이를 더하고, 몸판의 옆선과 같은 길이를 더한 후, 소맷부리를 향해 라인을 다시 그립니다 (최대 1cm까지).

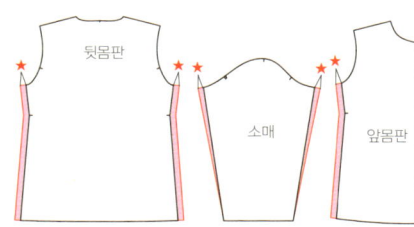

〈팬츠의 폭을 바꾼다〉

먼저 팬츠의 폭을 세로로 2등분하여 자릅니다. 넓히고 싶은 경우에는 더하고 싶은 길이를 4로 나누고, 그 길이를 자른 곳에 더해 허리와 밑단 선을 다시 그립니다. 줄이고 싶은 경우에는 마찬가지로 줄이고 싶은 길이를 4로 나누고, 자른 곳을 그 길이만큼 겹쳐서 허리의 선을 다시 그립니다.

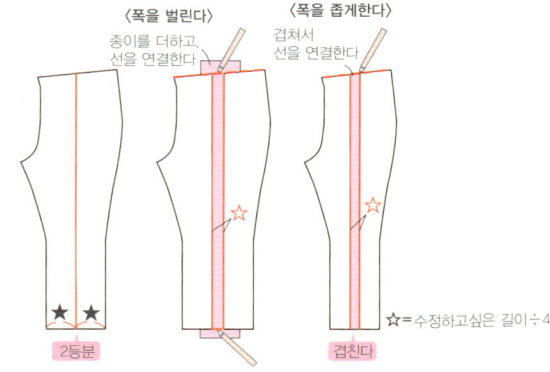

실물크기 패턴 1면【3】코트 원피스
　　　　　　　【4】스탠드 칼라 코트
　　　　　1 – 위앞몸판, 2 – 위뒷몸판
　　　　　3 – 아래앞몸판, 4 – 아래뒷몸판
　　　　　5 – 주머니

완성 사이즈 (S/M/L/LL)
가슴둘레 86/90/96/102cm
옷길이 99/101/105/106cm

■ 재료
(원피스) 리넨 샴브레이 135cm폭×300cm, 접착심 10×100cm,
　　　지름 1.3cm의 단추 8개
(코트) 울 트위드 145cm폭×300cm, 접착심 10×100cm,
　　　지름1.3cm의 단추 9개

재단 배치도

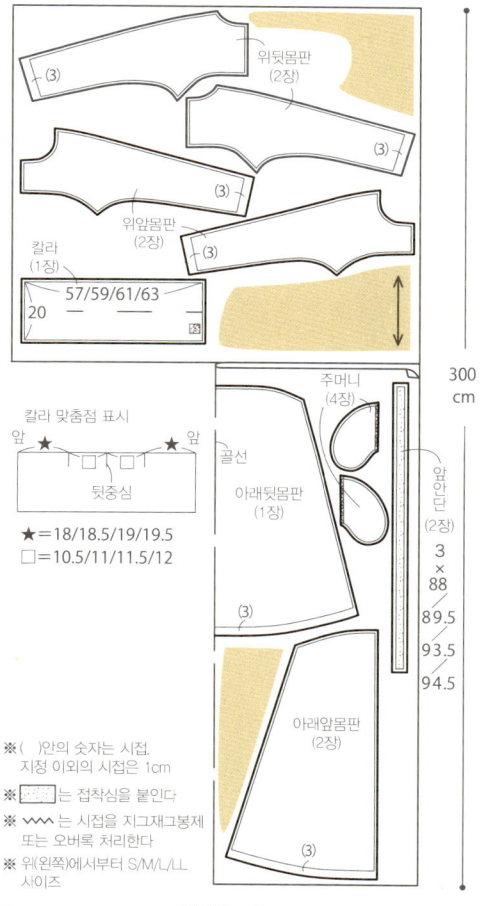

※ ( )안의 숫자는 시접.
　지정 이외의 시접은 1cm
※ ▭는 접착심을 붙인다
※ ∿는 시접을 지그재그봉제
　또는 오버록 처리한다
※ 위(왼쪽)에서부터 S/M/L/LL
　사이즈

칼라 맞춤점 표시
★=18/18.5/19/19.5
□=10.5/11/11.5/12

준비　　여기에서는 쉬운 설명을 위해 빨간색 실을 사용했습니다.
　　　　　실제로는 원단에 맞는 색의 실을 사용해주세요.

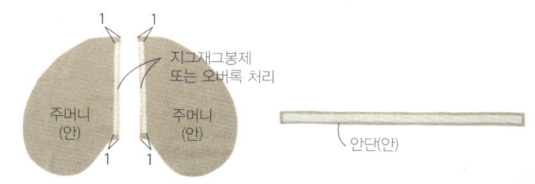

주머니 (안)　주머니 (안)
안단(안)

주머니 입구의 안쪽에 접착
심을 붙인 후, 끝을 지그재그
봉제 또는 오버록 처리한다

안단에 접착심을 붙인다

코트만 해당

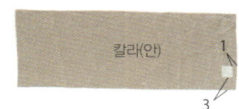

칼라(안)

코트의 단추 다는 위치 안에
3×3cm의 접착심을 붙인다

1 뒷몸판을 봉합한다

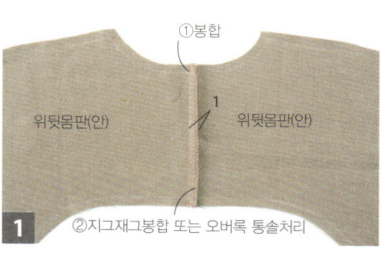

위뒷몸판을 겉끼리 맞대고, 뒷중심을 봉합한다.
시접은 2장 함께 지그재그봉합 또는 오버록 통
솔 처리하고, 오른쪽으로 넘긴다

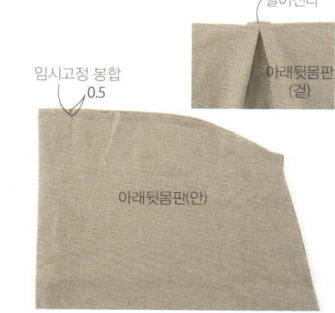

아래뒷몸판을 겉끼리 맞닿게 접어 턱을 임시고
정하고, 다리미로 다린다

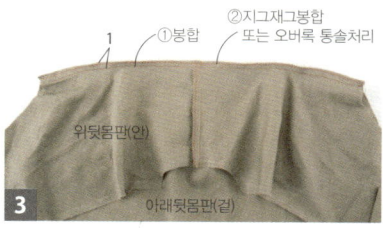

위뒷몸판과 아래뒷몸판을 겉끼리 맞대어 봉합
한다. 시접은 2장 함께 지그재그봉합 또는 오버
록 통솔처리한다

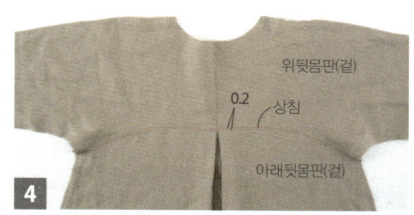

시접을 위뒷몸판쪽으로 넘기고, 겉에서 상침한다

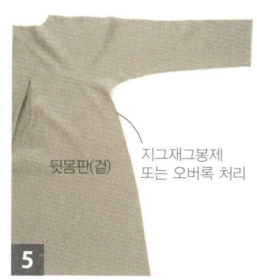

소매 아래부터 옆선 시접을 한
번에 지그재그봉제 또는 오버록
처리한다

2 앞몸판을 봉합한다

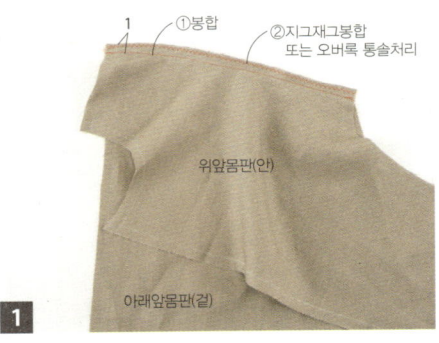

위앞몸판과 아래앞몸판을 겉끼리 맞대고 봉합한 다음.
2장의 시접을 함께 지그재그봉합 또는 오버록 통솔처
리한다

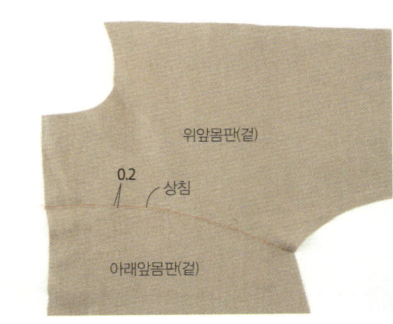

시접을 위앞몸판쪽으로 넘기고 겉에서 상침한다

소매 아래부터 옆선의 시접을
한 번에 지그재그봉제 또는 오
버록 처리한다

3 앞·뒤몸판을 맞춰 봉합한다

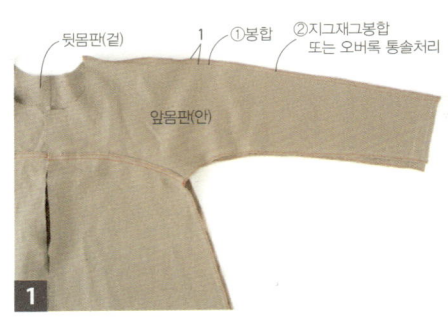

앞·뒤몸판을 겉끼리 맞대고 어깨를 봉합한다. 시접은
2장 함께 지그재그봉합 또는 오버록 통솔처리하고, 뒷
몸판쪽으로 넘긴다

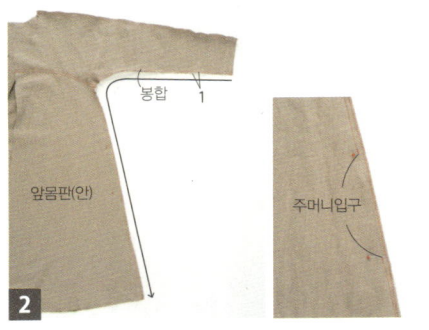

소매 아래부터 옆선을 한 번에 이어서 봉합한다(주머
니 입구 부분은 남기고 봉합한다). 좌우 모두 같은 방
법으로 봉합한 후 가름솔한다

4 주머니를 단다

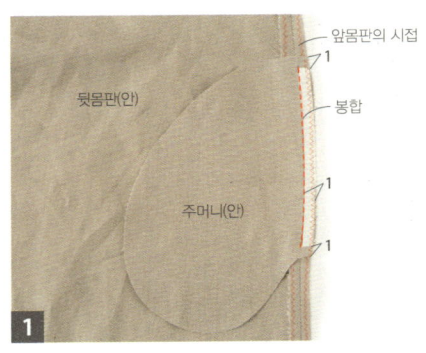

앞몸판과 주머니의 주머니 입구 완성선을 맞춰 봉합
한다

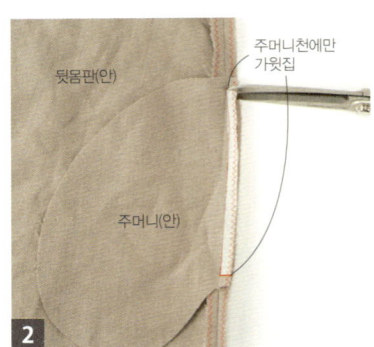

주머니 입구 완성선의 위아래에 주머니 시접
에만 가윗집을 준다(이때, 몸판의 시접까지
자르지 않도록 주의한다)

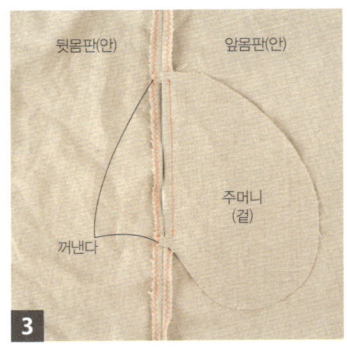

주머니를 앞몸판쪽으로 넘기고, 가윗집을 넣은 위아래 1cm의 시접을
뒷몸판 쪽으로 넘긴 다음. 주머니 입구를 겉에서 상침한다

다른 한장의 주머니를 몸판에 단 주머니와
겉끼리 맞닿게 겹친다

46

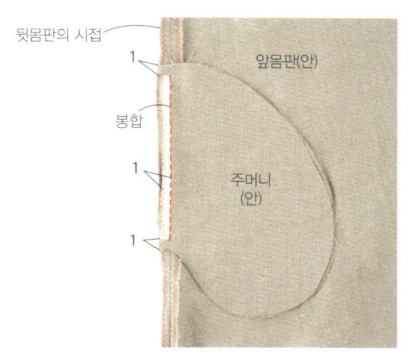
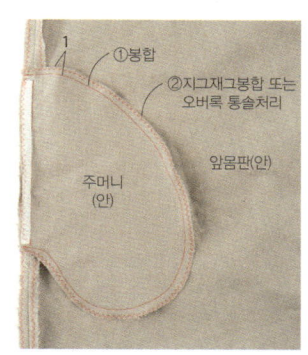
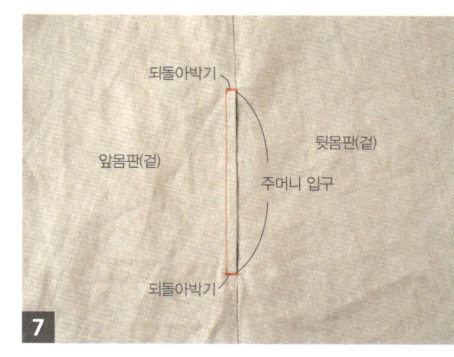

5
뒷몸판과 주머니의 주머니 입구 완성선을 맞춰 봉합한다

6
주머니를 겉끼리 맞춰 봉합한다. 시접은 2장 함께 지그재그봉합 또는 오버록 통솔처리한다

7
주머니를 앞몸판쪽으로 넘기고, 겉에서 주머니 입구의 위아래 끝을 3~4회 되돌아박기한다

5 안단을 단다

1
안단 바깥쪽의 시접을 완성선에 맞춰 안쪽으로 접고, 안단과 앞몸판을 겉끼리 맞대어 앞끝에서 밑단까지 봉합한다

2
시접의 모서리를 자른다

6 칼라를 단다

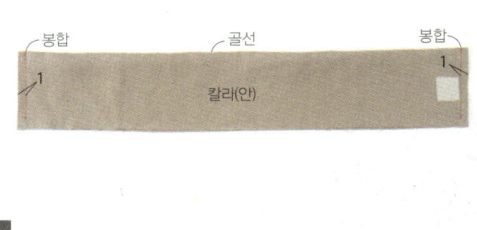
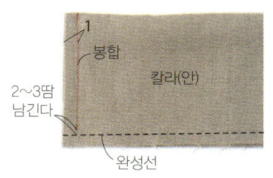

3
안단을 겉으로 뒤집어 밑단을 완성선에 맞춰 1cm, 2cm 두 번 접은 후, 오른쪽 앞몸판의 앞끝~밑단~왼쪽 앞몸판의 앞끝을 순서대로 한 번에 이어서 상침한다

1
칼라를 겉끼리 맞대어 반으로 접고, 양 옆선을 봉합한다. 이 때, 칼라 밑단 쪽은 완성선에서 2~3땀 남겨두고 봉합한다

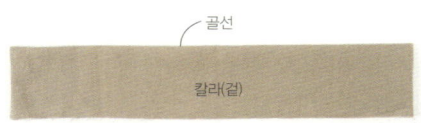

2

겉으로 뒤집어 다리미로 정리한다

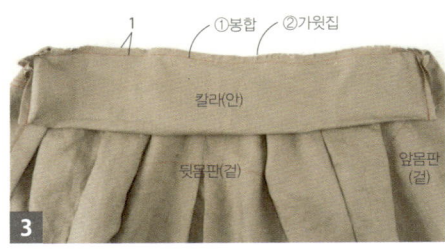
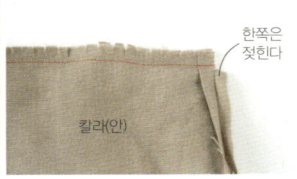

3

칼라를 다시 안으로 뒤집는다. 완성했을 때 칼라의 바깥쪽이 되는 쪽과 몸판의 겉쪽을 겉끼리 맞대어 봉합한다(이때, 반대쪽 칼라를 함께 봉합하지 않도록 주의한다). 봉합 후 시접에 1cm 정도의 간격으로 가윗집을 준다)

7 소맷부리를 마무리한다

4

칼라를 겉으로 뒤집어 정리한다. 안쪽 칼라의 시접을 완성선에 맞춰 접고, 칼라 둘레 봉제선 위에 얹어 공그르기로 고정한다

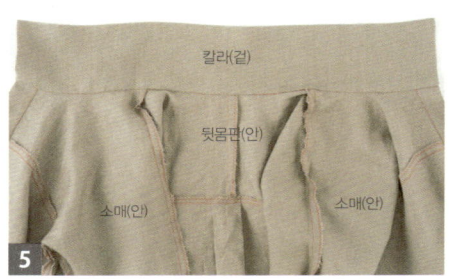

5

공그르기를 끝낸 모습

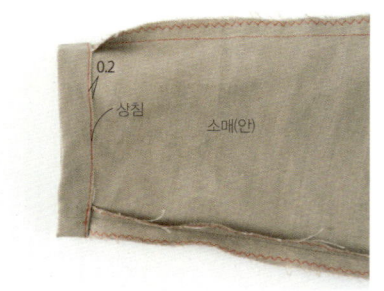

1

소맷부리를 1cm, 2cm 두 번 접은 후 상침한다

8 단춧구멍을 만들고 단추를 단다

완성

1

오른쪽 앞몸판에 단춧구멍을 만든다(이때 스탠드 칼라 코트는 칼라에도 단춧구멍을 만든다)

2

너무 많이 잘리지 않도록 한쪽 끝을 시침핀으로 고정하고, 단춧구멍 사이를 가른다

3

단추를 단다

스퀘어넥 블라우스

실물크기 패턴 2면【14】 / 1-앞몸판, 2-앞안단, 3-앞밑단안단, 4-뒷몸판
5-뒤안단, 6-뒤밑단안단, 7-소매

■ **재료**

깅엄체크 코튼 110cm폭×210cm, 접착심 50×30cm

■ **완성 사이즈(S/M/L/LL)**

가슴둘레 92/94/100/106cm
옷길이 56/57/59/60cm

만드는 방법

1 어깨를 봉합한다

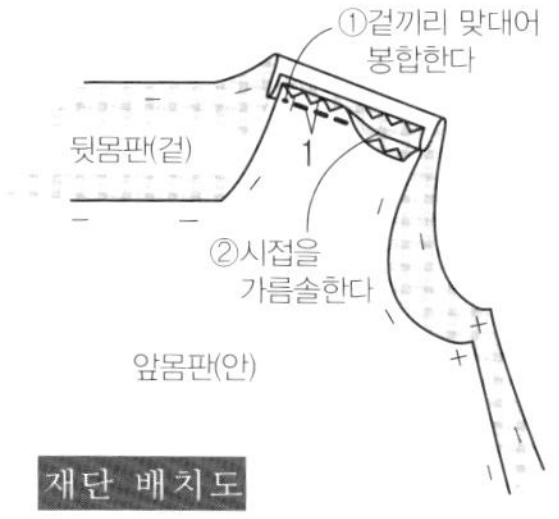

①겉끼리 맞대어 봉합한다
②시접을 가름솔한다
뒷몸판(겉)
앞몸판(안)

재단 배치도

깅엄체크 코튼

소매
(2장)
골선
(4)

앞밑단
안단(1장)
골선
뒤밑단
안단
(1장)

210
cm

뒷몸판(1장)

골선

앞안단
(1장)
(0)
앞몸판
(1장)
(0)
뒤안단
(1장)

110cm폭

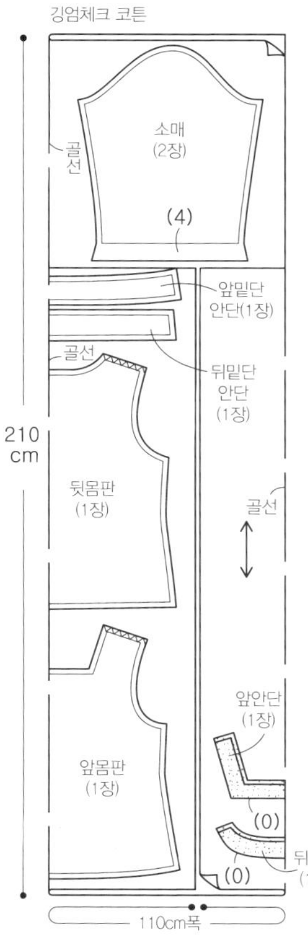

※ ( )안의 숫자는 시접. 지정 이외의 시접은 1cm
※ ▨ 는 접착심을 붙인다
※ ∿∿∿ 는 시접을 지그재그봉제 또는 오버록 처리한다

2 안단을 만들고, 몸판과 맞춰 봉합한다

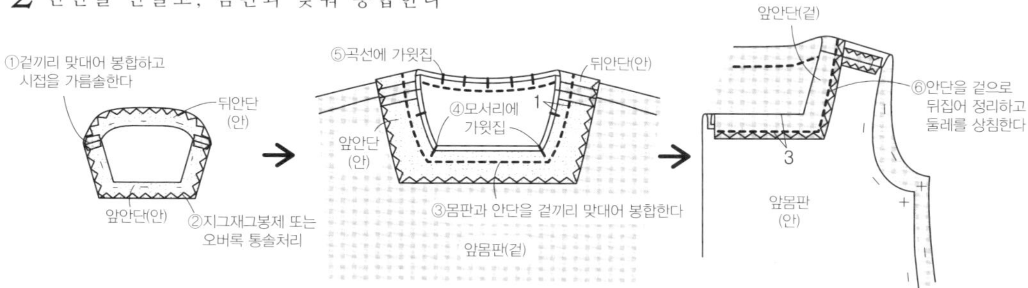

①겉끼리 맞대어 봉합하고
시접을 가름솔한다
뒤안단(안)
앞안단(안)
②지그재그봉제 또는 오버록 통솔처리

⑤곡선에 가윗집
뒤안단(안)
④모서리에 가윗집
앞안단(안)
③몸판과 안단을 겉끼리 맞대어 봉합한다
앞몸판(겉)

앞안단(겉)
⑥안단을 겉으로 뒤집어 정리하고 둘레를 상침한다
3
앞몸판(안)

3 소매를 단다

②2장의 시접을 함께 지그재그봉합 또는 오버록 통솔처리하고 몸판쪽으로 넘긴다
뒷몸판(안)
①겉끼리 맞대어 봉합한다
소매(안)
앞몸판(안)
1

③상침 0.2
몸판(겉)
소매(겉)

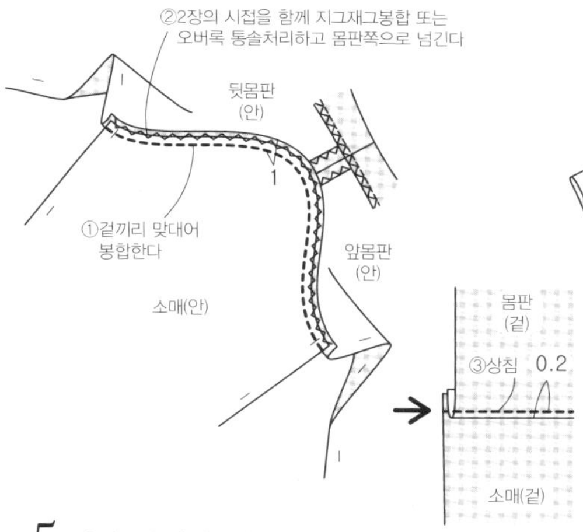

4 소매 아래에서부터 옆선을 한 번에 봉합한다

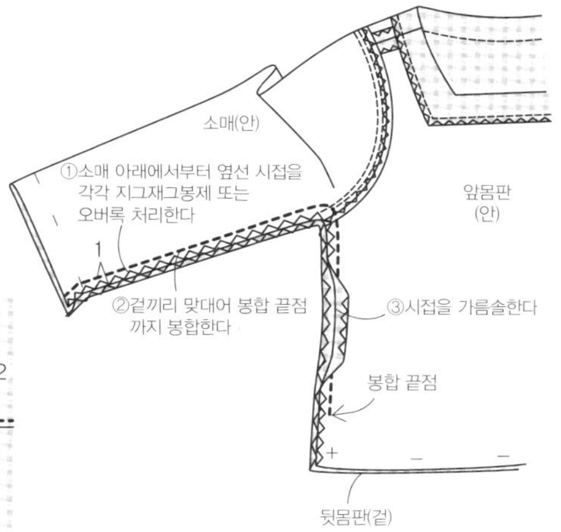

소매(안)
①소매 아래에서부터 옆선 시접을 각각 지그재그봉제 또는 오버록 처리한다
1
②겉끼리 맞대어 봉합 끝점까지 봉합한다
앞몸판(안)
③시접을 가름솔한다
봉합 끝점
뒷몸판(겉)

5 밑단 안단을 단다

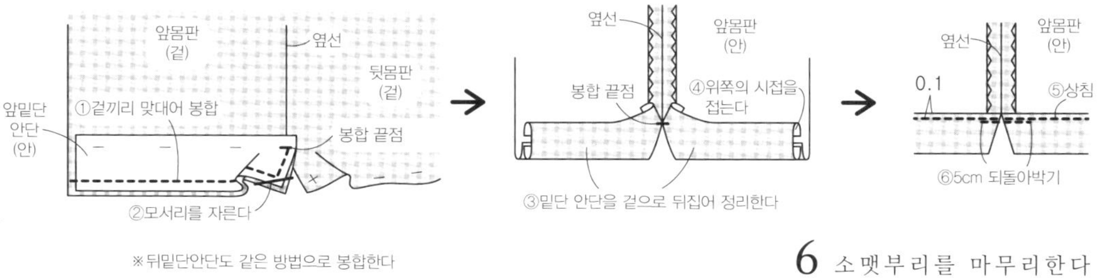

앞몸판(겉)
옆선
뒷몸판(겉)
앞밑단 안단(안)
①겉끼리 맞대어 봉합
봉합 끝점
②모서리를 자른다
※뒤밑단안단도 같은 방법으로 봉합한다

옆선
앞몸판(안)
봉합 끝점
④위쪽의 시접을 접는다
③밑단 안단을 겉으로 뒤집어 정리한다

옆선
앞몸판(안)
0.1
⑤상침
⑥5cm 되돌아박기

6 소맷부리를 마무리한다

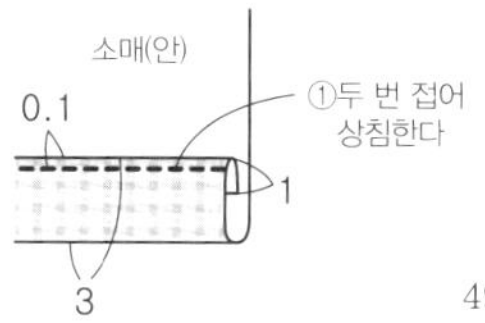

소매(안)
0.1
①두 번 접어 상침한다
3

플레어 원피스

실물크기 패턴 1면【1】 / 1-앞몸판, 2-앞안단, 3-뒷몸판, 4-뒤안단, 5-소매
6-앞몸판 연결, 7-뒷몸판 연결

■ 재료
무지 리넨 130cm폭×290cm, 접착심 40×40cm

■ 완성 사이즈(S/M/L/LL)
가슴둘레 96/99/105/110cm
옷길이 101/103/107.5/108.5cm

★ 앞몸판 패턴은 [1-앞몸판]과 [6-앞몸판 연결]의 맞춤점을 맞춰 패턴을 연결한 뒤 사용한다.
　뒷몸판 패턴도 [3-뒷몸판]과 [7-뒷몸판 연결]의 맞춤점을 맞춰 패턴을 연결한 뒤 사용한다.

A 라 인 튜 닉

실물크기 패턴 1면【2】 / 1-앞몸판, 2-앞안단, 3-뒷몸판, 4-뒤안단, 5-소매

■ 재료
무지 코듀로이 110cm폭×230cm, 접착심 40×40cm

■ 완성 사이즈(S/M/L/LL)
가슴둘레 96/99/105/110cm
옷길이 72/73/75.5/76.5cm

재단 배치도

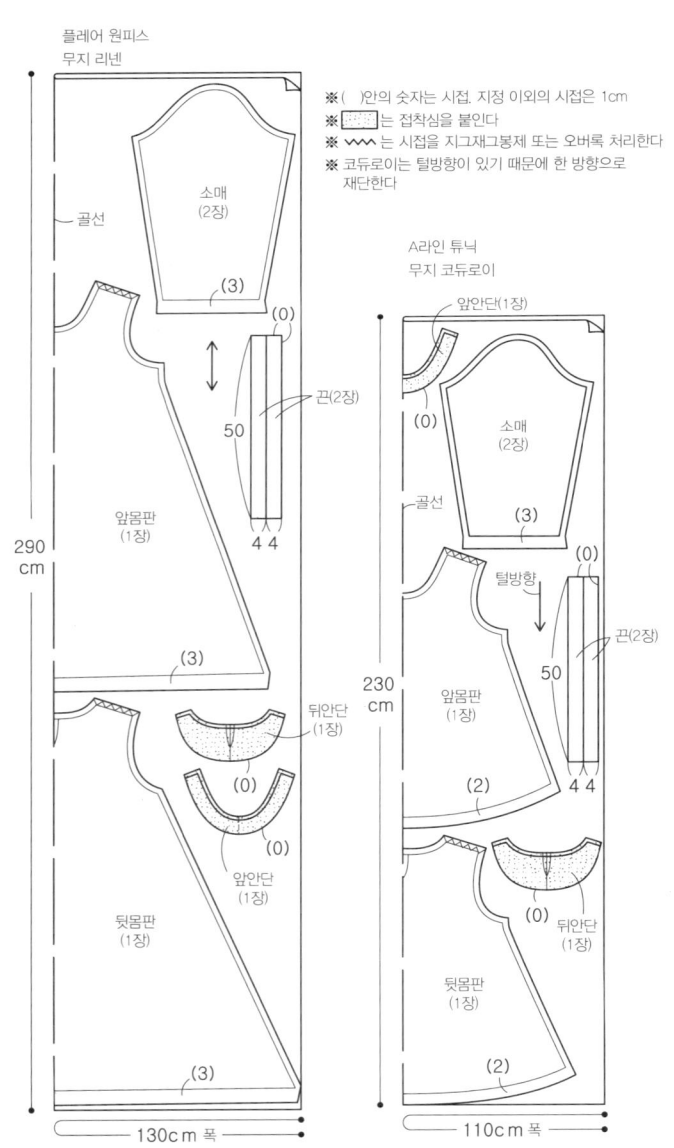

※ ( )안의 숫자는 시접. 지정 이외의 시접은 1cm
※ ▨ 는 접착심을 붙인다
※ ∿∿ 는 시접을 지그재그봉제 또는 오버록 처리한다
※ 코듀로이는 털방향이 있기 때문에 한 방향으로 재단한다

만드는 방법

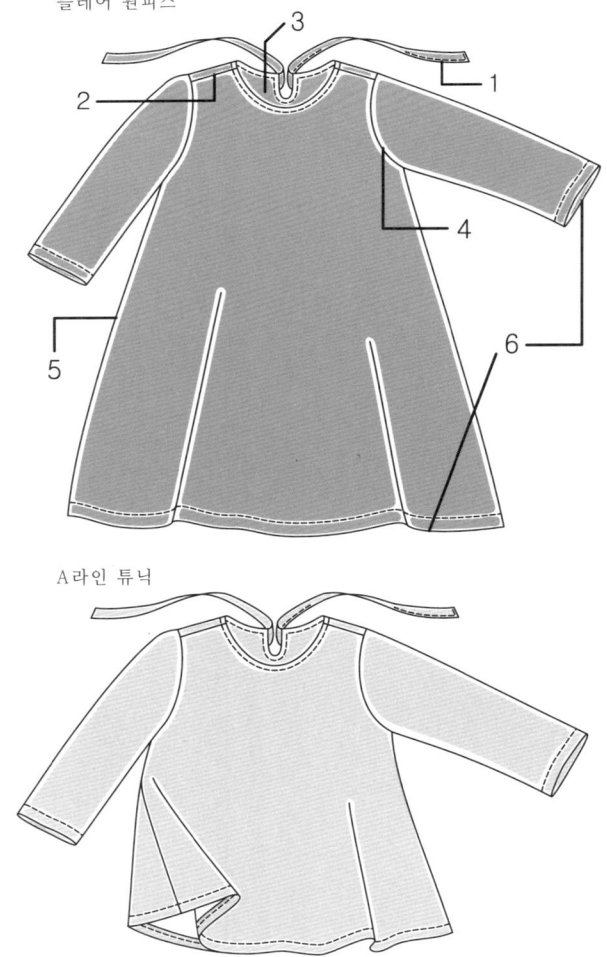

1 끈을 만든다

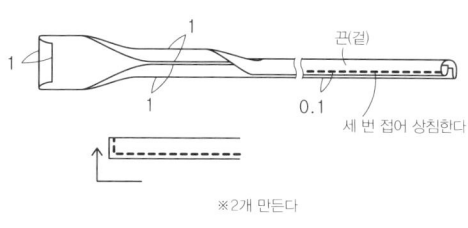

1
1
1
끈(겉)
0.1
세 번 접어 상침한다

※2개 만든다

2 어깨를 봉합한다

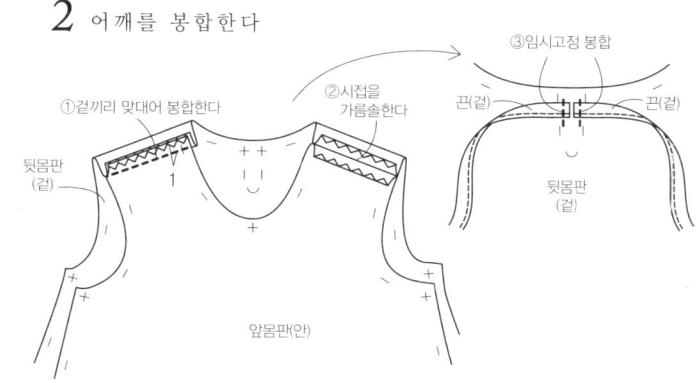

①겉끼리 맞대어 봉합한다
②시접을 가름솔한다
③임시고정 봉합
뒷몸판(겉)
1
끈(겉)
끈(겉)
앞몸판(안)
뒷몸판(겉)

3 안단을 만들어 몸판에 단다

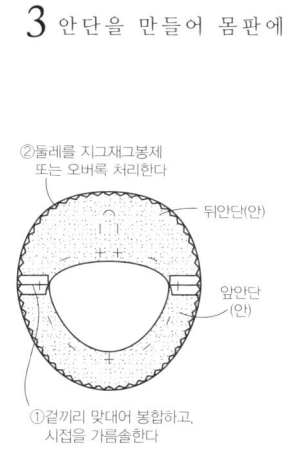

②둘레를 지그재그봉제 또는 오버록 처리한다
뒤안단(안)
앞안단(안)
①겉끼리 맞대어 봉합하고, 시접을 가름솔한다

③겉끼리 맞대어 봉합한다
⑤촘촘하게 가윗집
④가윗집
끈
뒤안단(안)
1
뒷몸판(겉)
⑥곡선에 가윗집
앞몸판(겉)
앞안단(안)

⑦안단을 겉으로 뒤집어 정리하고, 상침한다
0.2
몸판(겉)
안단(안)

4 소매를 단다

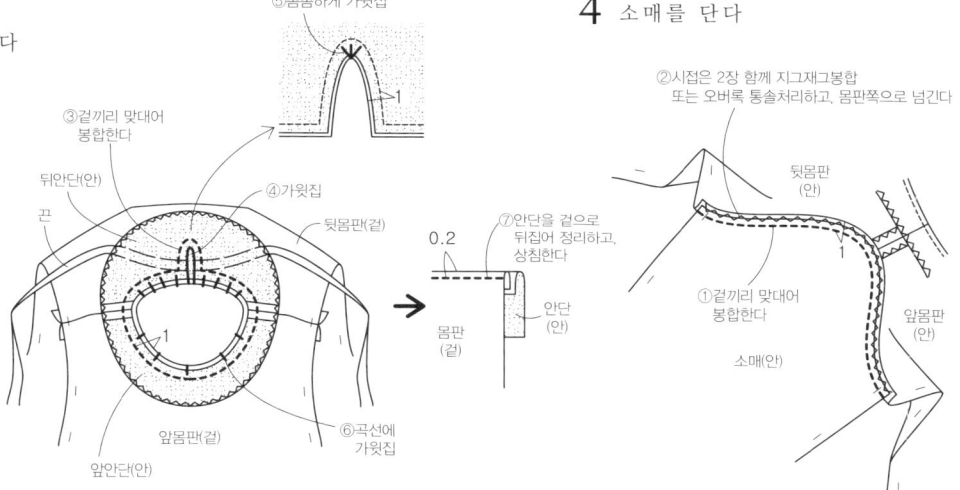

②시접은 2장 함께 지그재그봉합 또는 오버록 통솔처리하고, 몸판쪽으로 넘긴다
뒷몸판(안)
①겉끼리 맞대어 봉합한다
1
소매(안)
앞몸판(안)

5 소매 아래에서부터 옆선을 한 번에 이어서 봉합한다

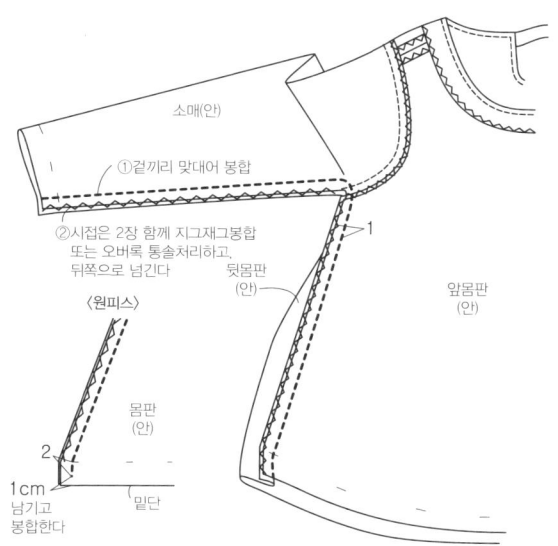

소매(안)
①겉끼리 맞대어 봉합
②시접은 2장 함께 지그재그봉합 또는 오버록 통솔처리하고, 뒤쪽으로 넘긴다
뒷몸판(안)
1
앞몸판(안)
〈원피스〉
몸판(안)
2
1cm 남기고 봉합한다
밑단

6 소맷부리와 밑단을 마무리한다

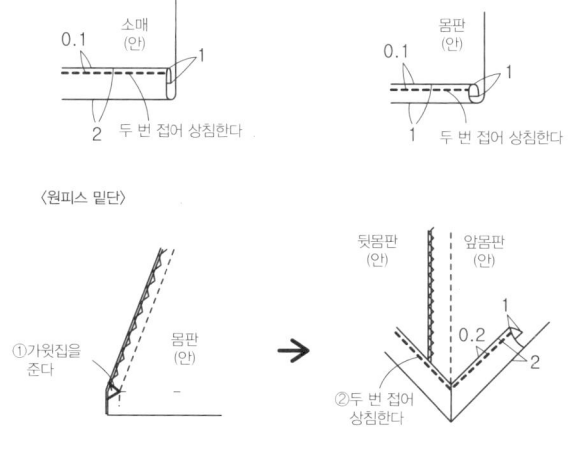

〈소맷부리(공통)〉
소매(안)
0.1
1
2
두 번 접어 상침한다

〈튜닉 밑단〉
몸판(안)
0.1
1
두 번 접어 상침한다

〈원피스 밑단〉
몸판(안)
①가윗집을 준다
뒷몸판(안)
앞몸판(안)
1
0.2
2
②두 번 접어 상침한다

하이넥 튜닉

실물크기 패턴 2면 【11】 / 1—앞몸판, 2—뒷몸판, 3—소매

■ 재료
보더 싱글 다이마루 150cm폭×150cm, 1.2cm폭의 소잉테이프 심지 50cm

■ 완성 사이즈(S/M/L/LL)
가슴둘레 91/94/100/105cm
옷길이 81/83/87/88cm

재단 배치도

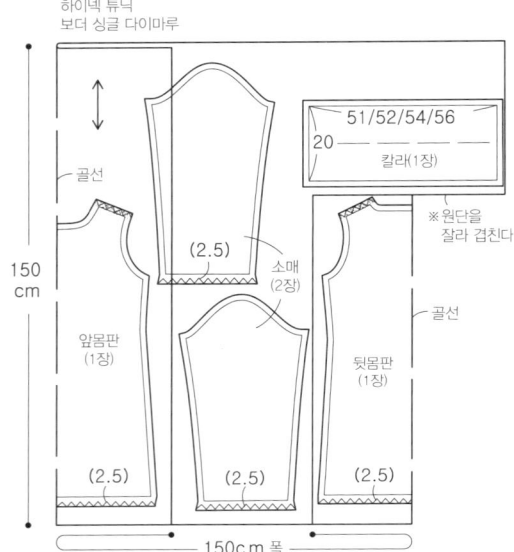

하이넥 튜닉
보더 싱글 다이마루

51/52/54/56
20   칼라(1장)

※원단을 잘라 겹친다

골선
(2.5)   소매 (2장)
앞몸판 (1장)   뒷몸판 (1장)
골선
150 cm

(2.5)   (2.5)   (2.5)

150cm 폭

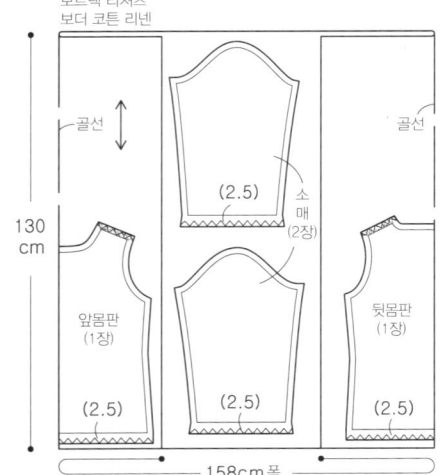

보트넥 티셔츠
보더 코튼 리넨

골선
(2.5)   소매 (2장)
앞몸판 (1장)   뒷몸판 (1장)
130 cm
골선

(2.5)   (2.5)

158cm 폭

※ ( )안의 숫자는 시접. 지정 이외의 시접은 1cm
※ ▦ 는 소잉테이프 심지를 붙인다
※ ∿ 는 시접을 지그재그봉제 또는 오버록 처리한다
※ 왼쪽에서부터 S/M/L/LL 사이즈

보트넥 티셔츠

실물크기 패턴 2면 【12】 / 1—앞몸판, 2—뒷몸판, 3—소매

■ 재료
(보더) 보더 코튼 리넨 158cm폭×130cm, 1.2cm폭의 소잉테이프 심지 50cm
(무지) 30수 싱글 다이마루 180cm폭×100cm, 1.2cm폭의 소잉테이프 심지 50cm

■ 완성 사이즈(S/M/L/LL)
가슴둘레 91/94/100/105cm
옷길이 57/58/60/61cm

만드는 방법

하이넥 튜닉

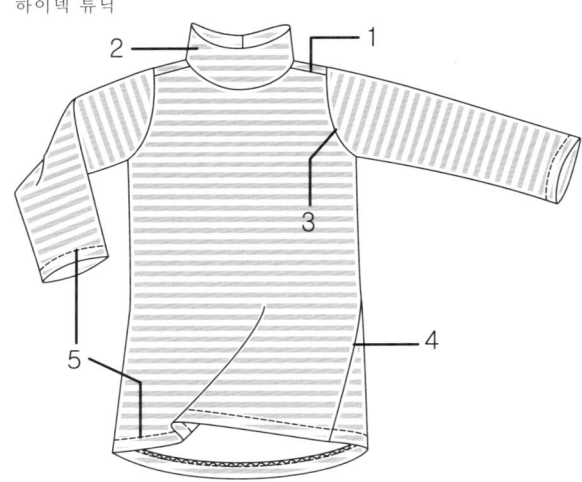

2   1
3
5   4

보트넥 티셔츠

1 어깨를 봉합한다

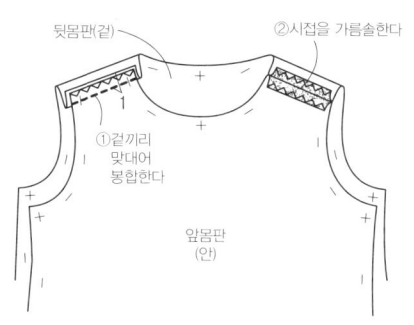

뒷몸판(겉)

②시접을 가름솔한다

①겉끼리 맞대어 봉합한다

앞몸판(안)

2 칼라를 만들어 몸판에 단다

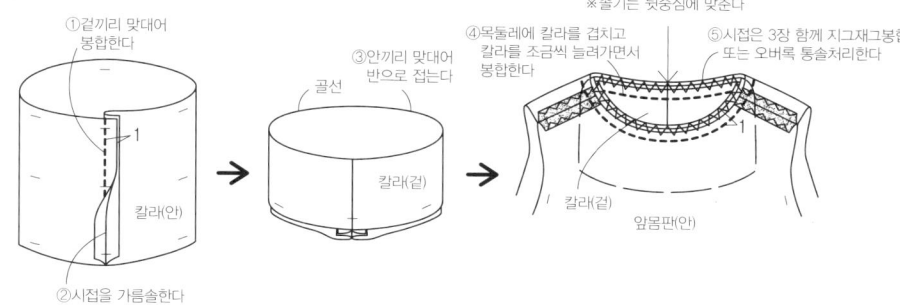

①겉끼리 맞대어 봉합한다

②시접을 가름솔한다

③안끼리 맞대어 반으로 접는다

골선

칼라(안)

칼라(겉)

※솔기는 뒷중심에 맞춘다

④목둘레에 칼라를 겹치고 칼라를 조금씩 늘려가면서 봉합한다

⑤시접은 3장 함께 지그재그봉합 또는 오버록 통솔처리한다

칼라(겉)

앞몸판(안)

3 소매를 단다

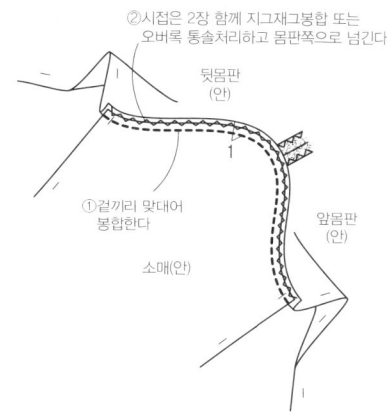

②시접은 2장 함께 지그재그봉합 또는 오버록 통솔처리하고 몸판쪽으로 넘긴다

뒷몸판(안)

①겉끼리 맞대어 봉합한다

앞몸판(안)

소매(안)

〈보트넥 티셔츠 목둘레 정리하는 방법〉

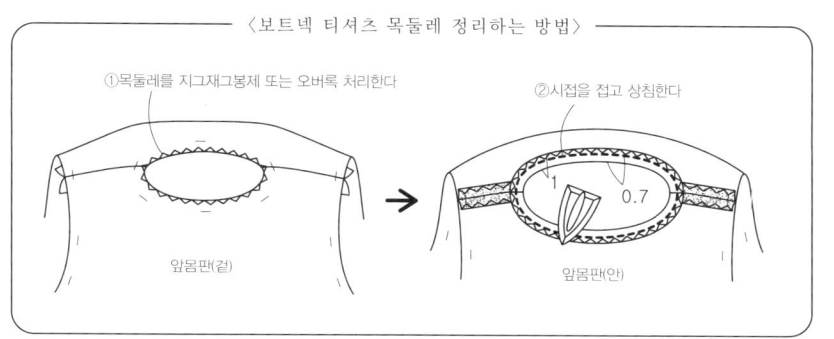

①목둘레를 지그재그봉제 또는 오버록 처리한다

②시접을 접고 상침한다

앞몸판(겉)

앞몸판(안)

0.7

4 소매 아래에서부터 옆선을 한 번에 이어서 봉합한다

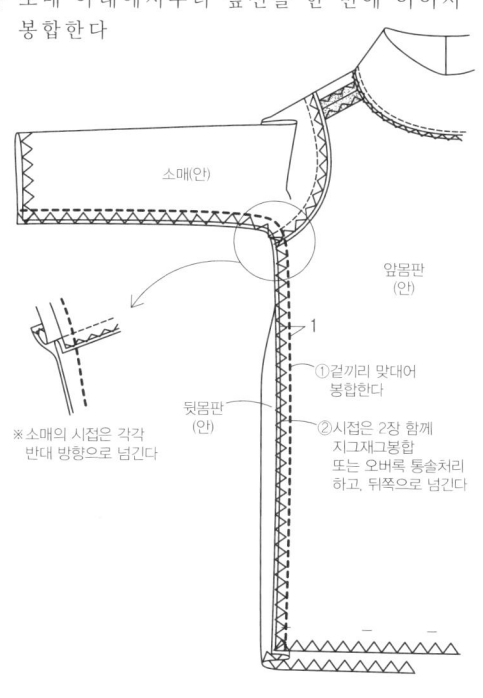

소매(안)

앞몸판(안)

뒷몸판(안)

※소매의 시접은 각각 반대 방향으로 넘긴다

①겉끼리 맞대어 봉합한다

②시접은 2장 함께 지그재그봉합 또는 오버록 통솔처리 하고, 뒤쪽으로 넘긴다

5 소맷부리와 밑단을 마무리한다

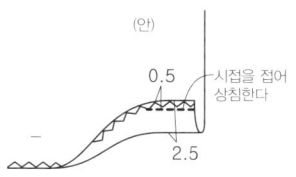

(안)

0.5

2.5

시접을 접어 상침한다

〈p.78 트레이너와 배기 팬츠의 밑단천 다는 방법〉

밑단천과 소맷부리천을 만들고, P.53-2의 칼라와 같은 방법으로 몸판에 단다

〈트레이너 밑단천〉

밑단천(겉)

골선

※솔기는 왼쪽 옆선에 맞춘다

〈트레이너의 소맷부리천, 배기 팬츠의 밑단천〉

소맷부리천(겉) 또는 밑단천(겉)

골선

※솔기는 소매 아래 또는 팬츠 밑아래선에 맞춘다

※소맷부리천은 소맷부리에, 팬츠 밑단천은 팬츠 밑단에 맞추고 조금씩 늘려가면서 맞춰 봉합한다.

개더넥 원피스

실물크기 패턴 2면【8】 / 1–앞몸판, 2–앞안단, 3–뒷몸판, 4–소매, 5–앞몸판 연결
6–뒷몸판 연결

■ 재료
보더 리넨 119cm폭×260cm, 0.3cm폭의 리넨 끈 130cm,
접착심 6×8cm

■ 완성 사이즈(S/M/L/LL)
가슴둘레 114/117/123/129cm
옷길이 101/103/107/108cm

★앞몸판 패턴은 [1–앞몸판]과 [5–앞몸판 연결]의 맞춤점을 맞춰 패턴을 연결한 뒤 사용한다.
뒷몸판 패턴도 [3–뒷몸판]과 [6–뒷몸판 연결]의 맞춤점을 맞춰 패턴을 연결한 뒤 사용한다.

개더넥 블라우스

실물크기 패턴 2면【9】 / 1–앞몸판, 2–앞안단, 3–뒷몸판, 4–소매

■ 재료
포크로 레이스 110cm폭×200cm, 0.7cm폭의 고무줄 76/80/84/88cm,
0.2폭의 고무줄 130cm, 접착심 6×8cm

■ 완성 사이즈(S/M/L/LL)
가슴둘레 114/117/123/129cm
옷길이 52/54/58/59cm

만드는 방법

재단 배치도

개더넥 원피스
보더 리넨

골선
(2.5) 앞몸판(1장) (3)

(0) (0)
앞안단(1장)

(2.5) (3)

소매
(2장) (2.5) (3)

260
cm

(2.5) 뒷몸판(1장) (3)
골선

─ 119cm 폭 ─

개더넥 블라우스
포크로 레이스

골선
(2.5)
소매
(2장)
(2.5)

(2.5)
앞안단
(1장) (0)

200
cm
앞몸판
(1장)
(2.5) (0)

(2.5)

뒷몸판
(1장)

(2.5)

─ 110cm 폭 ─

개더넥 원피스

2
3
6
1
5
4

개더넥 블라우스

※ ( )안의 숫자는 시접, 지정 이외의 시접은 1cm
※ ▒ 는 접착심을 붙인다
※ ⋏⋏⋏ 는 시접을 지그재그봉제 또는 오버록 처리한다

1 안단을 단다

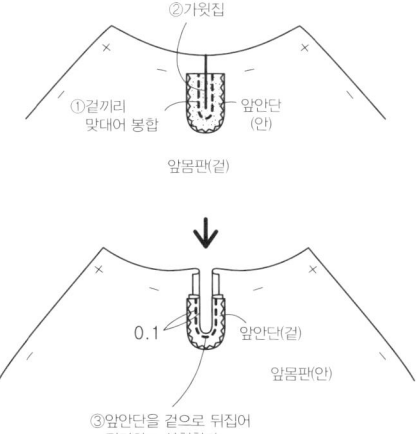

②가윗집
①겉끼리 맞대어 봉합
앞안단(안)
앞몸판(겉)

0.1
앞안단(겉)
앞몸판(안)
③앞안단을 겉으로 뒤집어 정리하고 상침한다

2 몸판과 소매를 맞춰 봉합한다

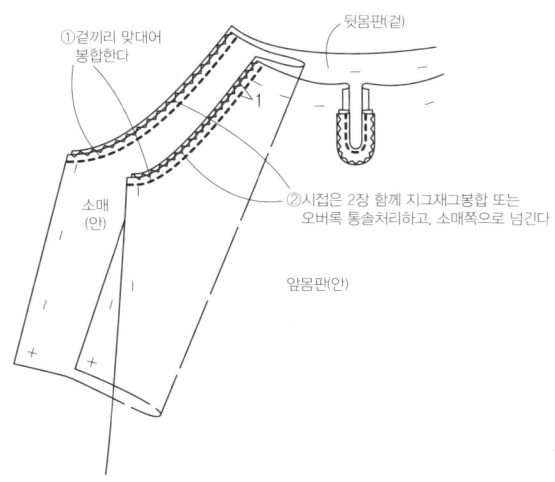

①겉끼리 맞대어 봉합한다
뒷몸판(겉)
②시접은 2장 함께 지그재그봉합 또는 오버록 통솔처리하고, 소매쪽으로 넘긴다
소매(안)
앞몸판(안)

3 목둘레를 마무리한다

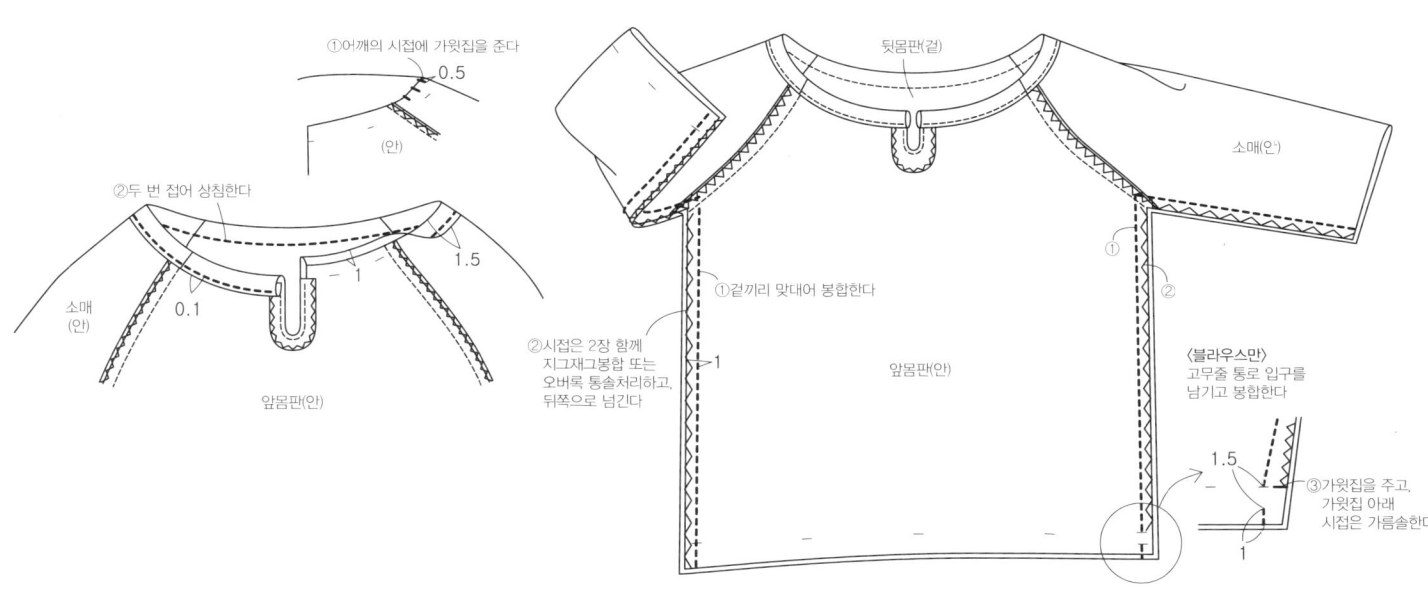

①어깨의 시접에 가윗집을 준다
0.5
(안)
②두 번 접어 상침한다
소매(안)
0.1
1
1.5
앞몸판(안)

4 소매 아래에서부터 옆선을 한 번에 봉합한다

뒷몸판(겉)
소매(안)
①겉끼리 맞대어 봉합한다
②시접은 2장 함께 지그재그봉합 또는 오버록 통솔처리하고, 뒤쪽으로 넘긴다
1
앞몸판(안)
①
②
〈블라우스만〉
고무줄 통로 입구를 남기고 봉합한다
1.5
③가윗집을 주고, 가윗집 아래 시접은 가름솔한다
1

5 소맷부리와 밑단을 마무리한다

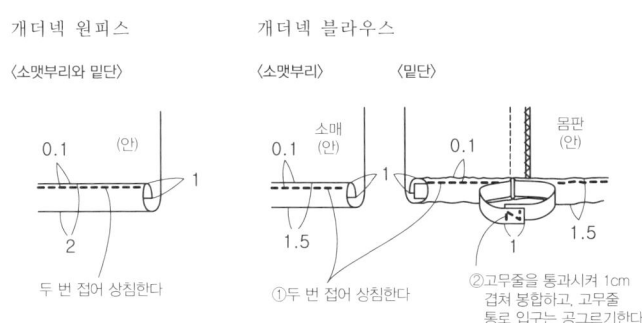

개더넥 원피스
〈소맷부리와 밑단〉
0.1
(안)
1
2
두 번 접어 상침한다

개더넥 블라우스
〈소맷부리〉
소매(안)
0.1
1
1.5
①두 번 접어 상침한다

〈밑단〉
0.1
몸판(안)
1
1.5
②고무줄을 통과시켜 1cm 겹쳐 봉합하고, 고무줄 통로 입구는 공그르기한다

6 목둘레에 끈(테이프)을 통과시킨다

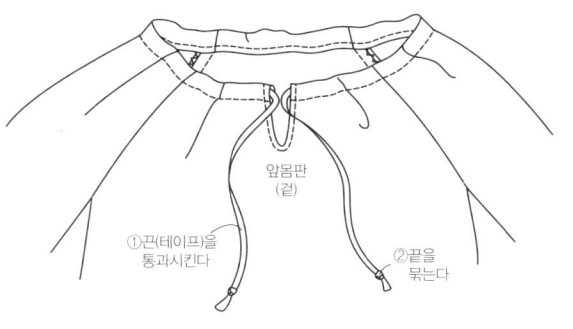

①끈(테이프)을 통과시킨다
앞몸판(겉)
②끝을 묶는다

웨이스트 절개 원피스

실물크기 패턴 4면【20】 / 1─앞몸판, 2─뒷몸판, 3─소매

■재료
도트 무늬 110cm폭×320cm

■ 완성 사이즈 (S/M/L/LL)
가슴둘레 92/96/101/107cm
옷길이 117/119/123.5/125cm

페플럼 블라우스

실물크기 패턴 4면【21】 / 1─앞몸판, 2─뒷몸판, 3─소매

■재료
리투아니아 리넨 체크무늬 140cm폭×180cm

■ 완성 사이즈 (S/M/L/LL)
가슴둘레 92/96/101/107cm
옷길이 58.5/62/64/65cm

재단 배치도

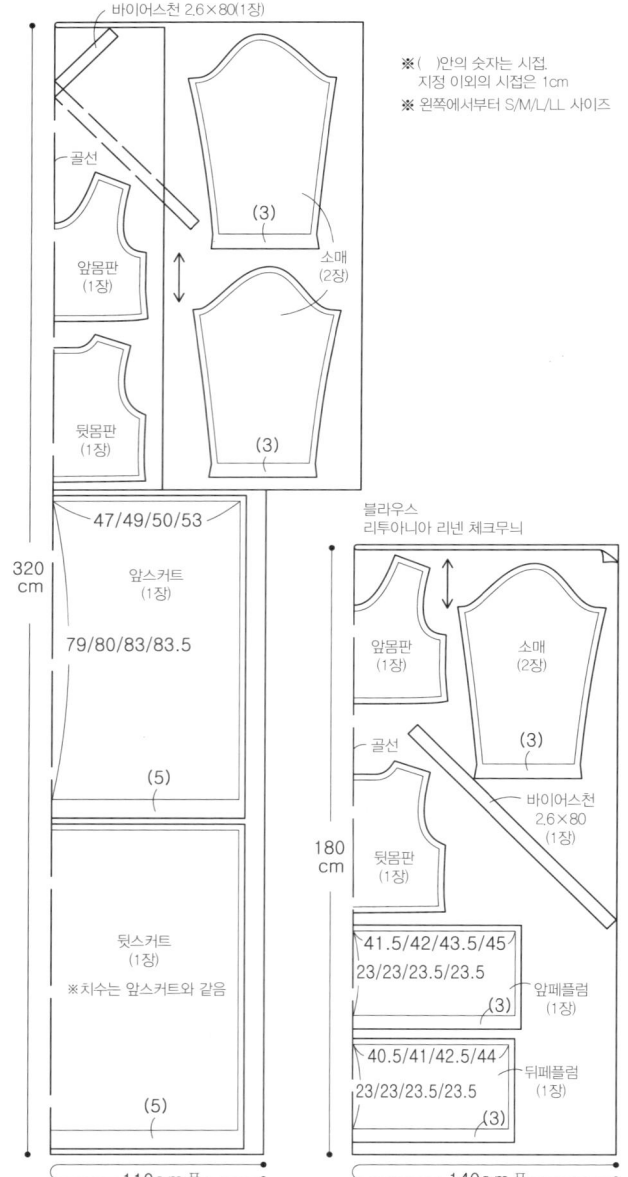

원피스
도트 무늬

바이어스천 2.6×80(1장)

골선

앞몸판
(1장)

뒷몸판
(1장)

(3)

소매
(2장)

(3)

※ ( )안의 숫자는 시접.
지정 이외의 시접은 1cm
※ 왼쪽에서부터 S/M/L/LL 사이즈

47/49/50/53

320
cm

앞스커트
(1장)

79/80/83/83.5

(5)

뒷스커트
(1장)

※치수는 앞스커트와 같음

(5)

110cm 폭

블라우스
리투아니아 리넨 체크무늬

앞몸판
(1장)

소매
(2장)

(3)

골선

바이어스천
2.6×80
(1장)

뒷몸판
(1장)

41.5/42/43.5/45
23/23/23.5/23.5

(3)

앞페플럼
(1장)

40.5/41/42.5/44
23/23/23.5/23.5

(3)

뒤페플럼
(1장)

180
cm

140cm 폭

만드는 방법

웨이스트 절개 원피스

페플럼 블라우스

1 어깨를 봉합한다

2 목둘레를 마무리한다

3 소매를 단다

4 스커트에 주름(턱)을 잡고, 몸판과 맞춰 봉합한다

5 소매 아래에서부터 옆선을 한 번에 봉합한다

6 소맷부리와 밑단을 마무리한다

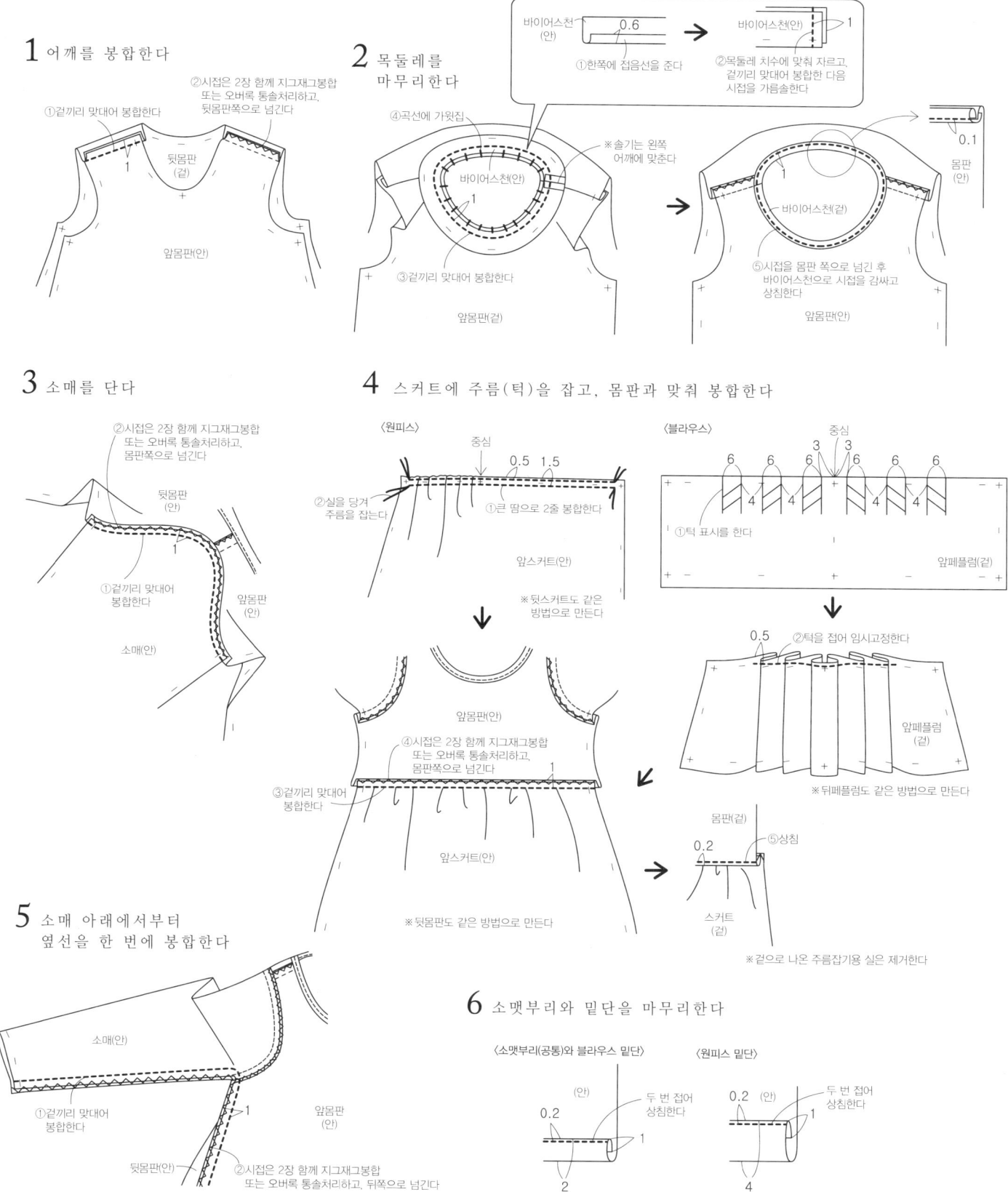

카슈쾨르 원피스

실물크기 패턴 2면【10】 / 1-앞몸판, 2-뒷몸판, 3-앞스커트, 4-뒷스커트, 5-소매

■ 재료
스트라이프 리넨 146cm폭×320cm, 접착심 6×90cm, 1.2cm폭의 소잉테이프 심지 120cm

■ 완성 사이즈(S/M/L/LL)
가슴둘레 90/92/98/104cm
옷길이 107/109/113/114cm

★ 앞스커트 패턴은 [3-앞스커트]와 [4-뒷스커트]의 맞춤점을 맞춰 패턴을 연결한 뒤 사용한다.

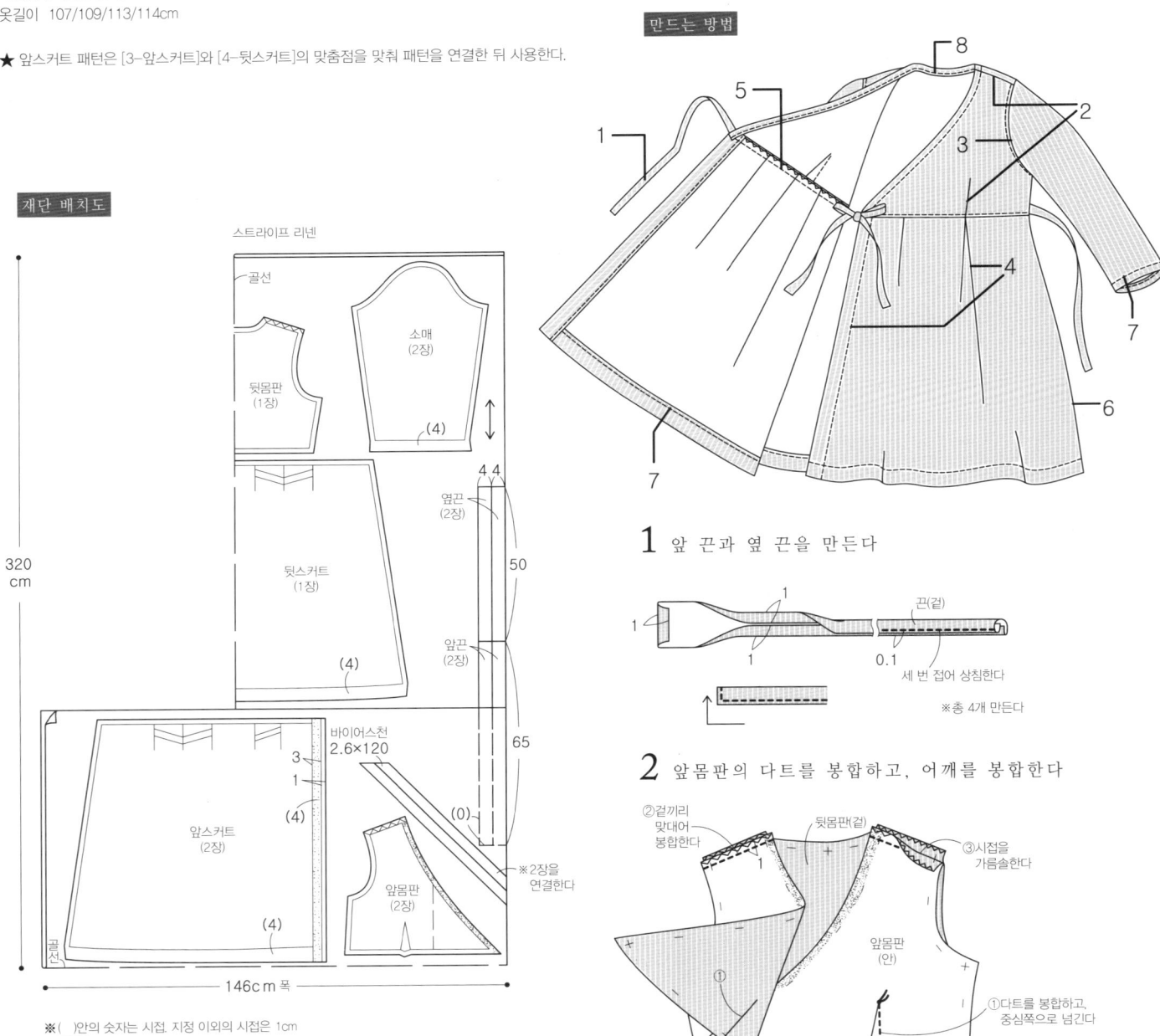

재단 배치도

스트라이프 리넨

골선

뒷몸판
(1장)

소매
(2장)
(4)

뒷스커트
(1장)
(4)

320
cm

옆끈
(2장)

앞끈
(2장)

50

65

4 4

(0)

※2장을
연결한다

바이어스천
2.6×120

3
1
(4)

앞스커트
(2장)

골선

앞몸판
(2장)
(4)

146cm 폭

※( )안의 숫자는 시접. 지정 이외의 시접은 1cm
※ ▨ 는 접착심, 소잉테이프 심지를 붙인다
※ ⌇⌇ 는 시접을 지그재그봉제 또는 오버록 처리한다

만드는 방법

1 앞 끈과 옆 끈을 만든다

1
1
1
끈(겉)
0.1
세 번 접어 상침한다

※총 4개 만든다

2 앞몸판의 다트를 봉합하고, 어깨를 봉합한다

②겉끼리
맞대어
봉합한다

뒷몸판(겉)

③시접을
가름솔한다

앞몸판
(안)

①다트를 봉합하고,
중심쪽으로 넘긴다

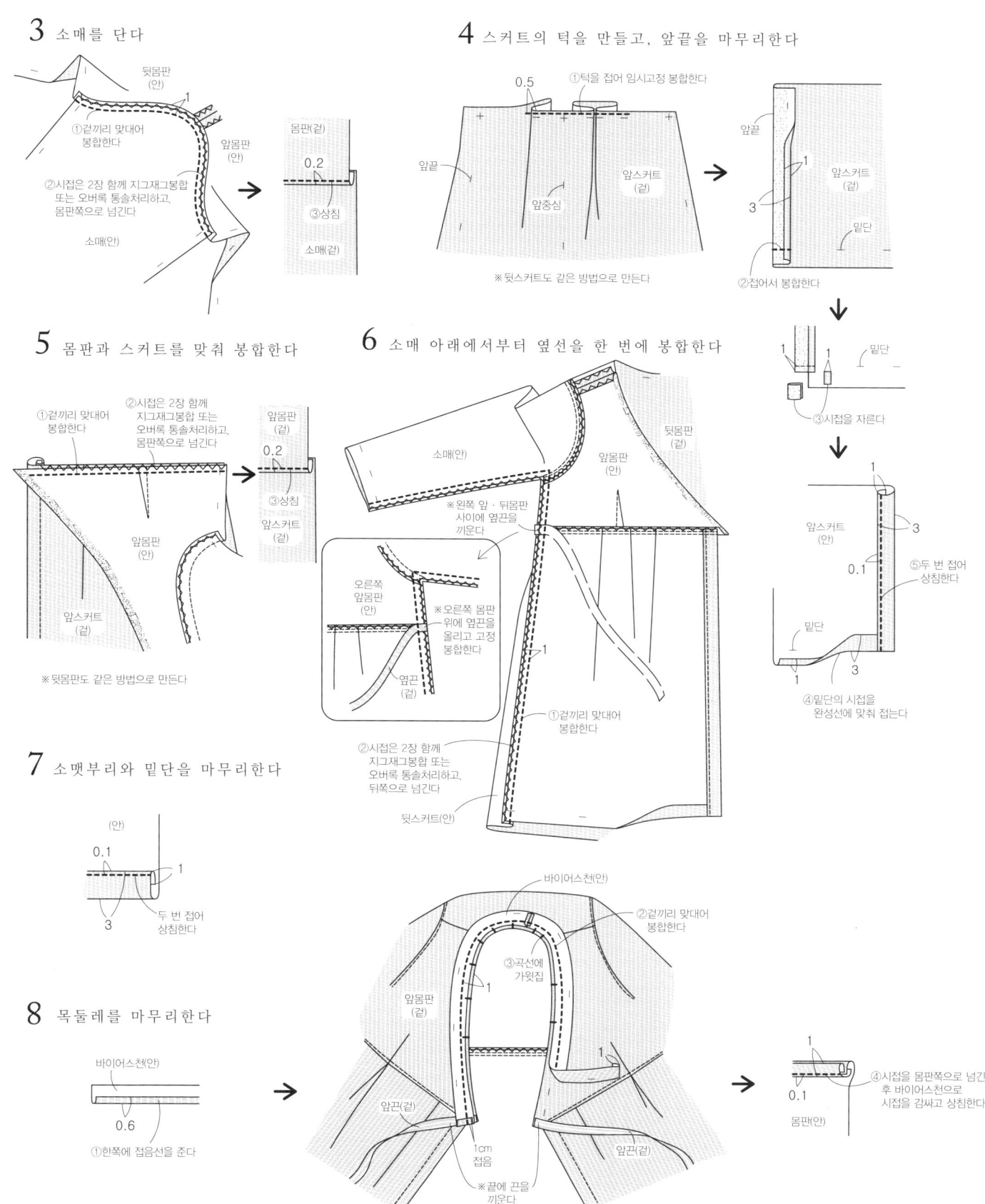

3 소매를 단다

뒷몸판 (안)
①겉끼리 맞대어 봉합한다
앞몸판 (안)
②시접은 2장 함께 지그재그봉합 또는 오버록 통솔처리하고, 몸판쪽으로 넘긴다
소매(안)

몸판(겉)
0.2
③상침
소매(겉)

4 스커트의 턱을 만들고, 앞끝을 마무리한다

0.5
①턱을 접어 임시고정 봉합한다
앞끝
앞중심
앞스커트 (겉)

앞끝
1
3
앞스커트 (겉)
밑단
②접어서 봉합한다

※뒷스커트도 같은 방법으로 만든다

1 1
밑단
③시접을 자른다

1
앞스커트 (안)
3
0.1
⑤두 번 접어 상침한다
밑단
1 3
④밑단의 시접을 완성선에 맞춰 접는다

5 몸판과 스커트를 맞춰 봉합한다

①겉끼리 맞대어 봉합한다
②시접은 2장 함께 지그재그봉합 또는 오버록 통솔처리하고, 몸판쪽으로 넘긴다
앞몸판 (안)
앞스커트 (겉)

앞몸판 (겉)
0.2
③상침
앞스커트 (겉)

※뒷몸판도 같은 방법으로 만든다

6 소매 아래에서부터 옆선을 한 번에 봉합한다

소매(안)
앞몸판 (안)
뒷몸판 (겉)
※왼쪽 앞·뒤몸판 사이에 옆끈을 끼운다

오른쪽 앞몸판 (안)
※오른쪽 몸판 위에 옆끈을 올리고 고정 봉합한다
옆끈 (겉)

①겉끼리 맞대어 봉합한다
②시접은 2장 함께 지그재그봉합 또는 오버록 통솔처리하고, 뒤쪽으로 넘긴다
뒷스커트(안)

7 소맷부리와 밑단을 마무리한다

(안)
0.1
1
3
두 번 접어 상침한다

8 목둘레를 마무리한다

바이어스천(안)
0.6
①한쪽에 접음선을 준다

바이어스천(안)
②겉끼리 맞대어 봉합한다
③곡선에 가윗집
앞몸판 (겉)
앞끈(겉)
앞끈(겉)
1cm 접음
※끝에 끈을 끼운다

1
0.1
④시접을 몸판쪽으로 넘긴 후 바이어스천으로 시접을 감싸고 상침한다
몸판(안)

둥근 칼라 핀턱 원피스

실물크기 패턴 1면【5】 / 1–앞몸판, 2–뒷몸판, 3–칼라

■ 재료
리넨 샴브레이 150cm폭×200cm, 접착심 40×40cm

■ 완성 사이즈(S/M/L/LL)
가슴둘레 91/94/100/107cm
옷길이 117/120/123/124cm

재단 배치도

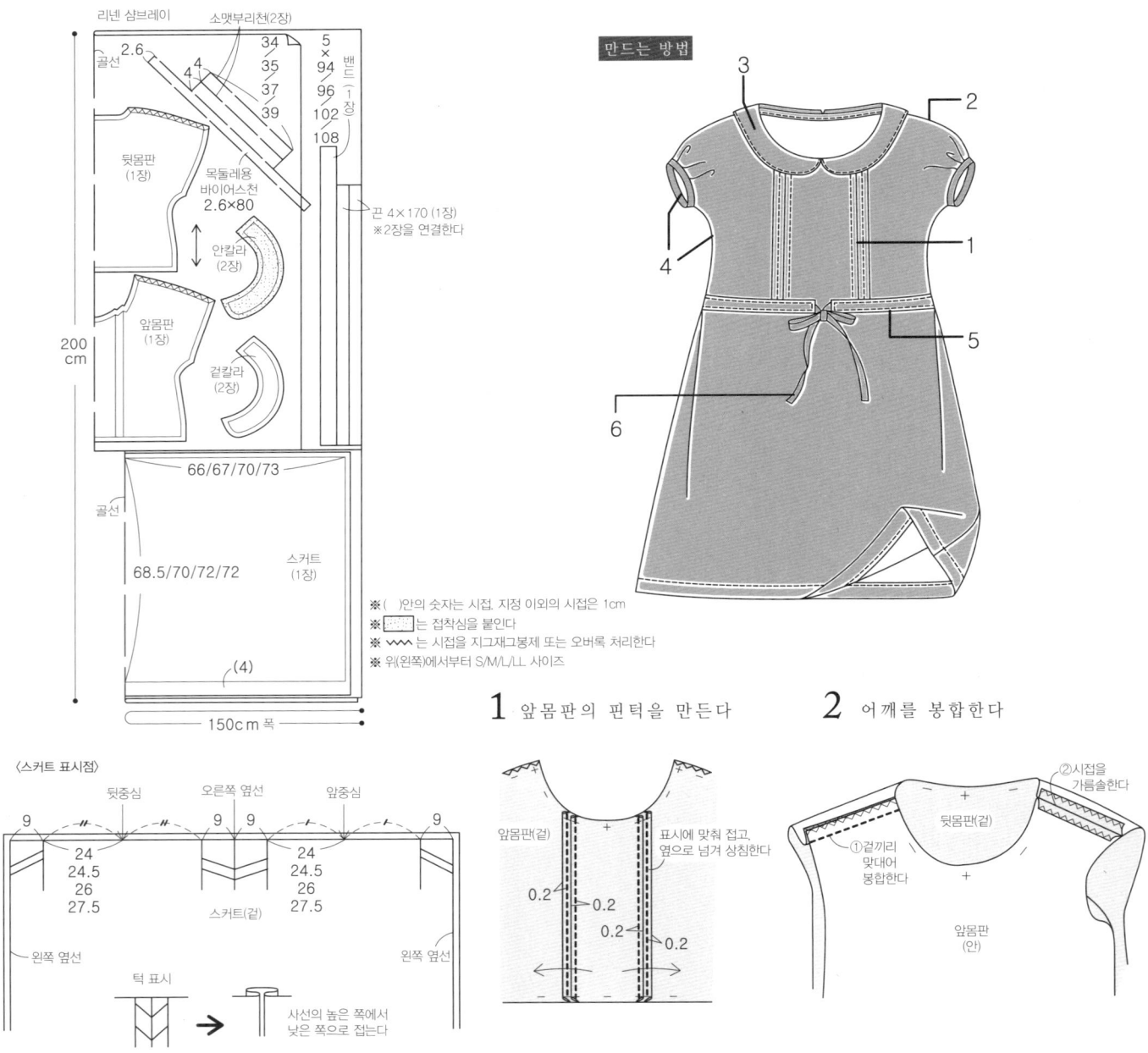

※ ( )안의 숫자는 시접. 지정 이외의 시접은 1cm
※ ▨ 는 접착심을 붙인다
※ ⋙ 는 시접을 지그재그봉제 또는 오버록 처리한다
※ 위(왼쪽)에서부터 S/M/L/LL 사이즈

만드는 방법

1 앞몸판의 핀턱을 만든다

2 어깨를 봉합한다

3 칼라를 만들어 단다

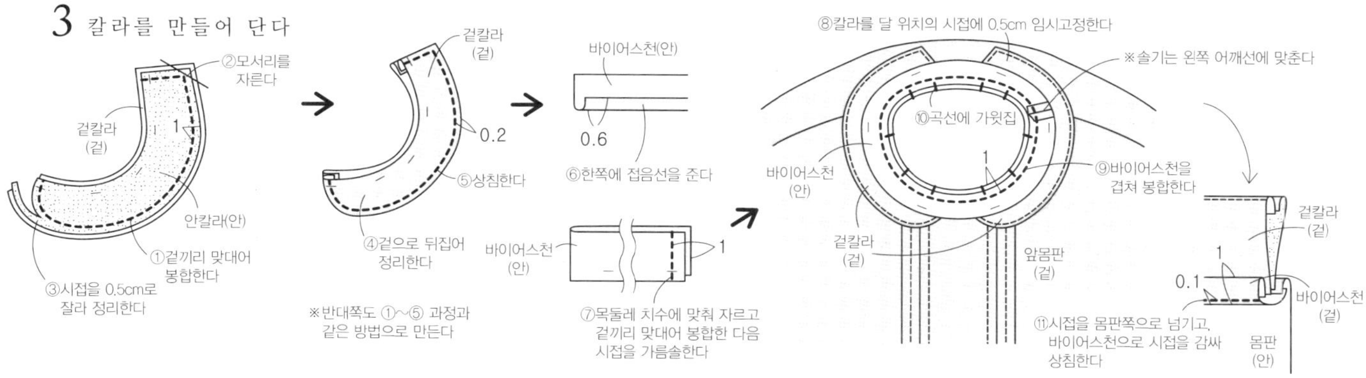

②모서리를 자른다
겉칼라(겉)
안칼라(안)
겉칼라(겉)
③시접을 0.5cm로 잘라 정리한다
①겉끼리 맞대어 봉합한다
1

겉칼라(겉)
0.2
④겉으로 뒤집어 정리한다
⑤상침한다
※반대쪽도 ①~⑤ 과정과 같은 방법으로 만든다

바이어스천(안)
0.6
⑥한쪽에 접음선을 준다
바이어스천(안)
1
⑦목둘레 치수에 맞춰 자르고 겉끼리 맞대어 봉합한 다음 시접을 가름솔한다

⑧칼라를 달 위치의 시접에 0.5cm 임시고정한다
※솔기는 왼쪽 어깨선에 맞춘다
⑩곡선에 가윗집
바이어스천(안)
1
겉칼라(겉)
겉칼라(겉)
앞몸판(겉)
⑨바이어스천을 겹쳐 봉합한다
⑪시접을 몸판쪽으로 넘기고, 바이어스천으로 시접을 감싸 상침한다
겉칼라(겉)
1
0.1
바이어스천(겉)
몸판(안)

4 옆선을 봉합하고, 소맷부리를 단다

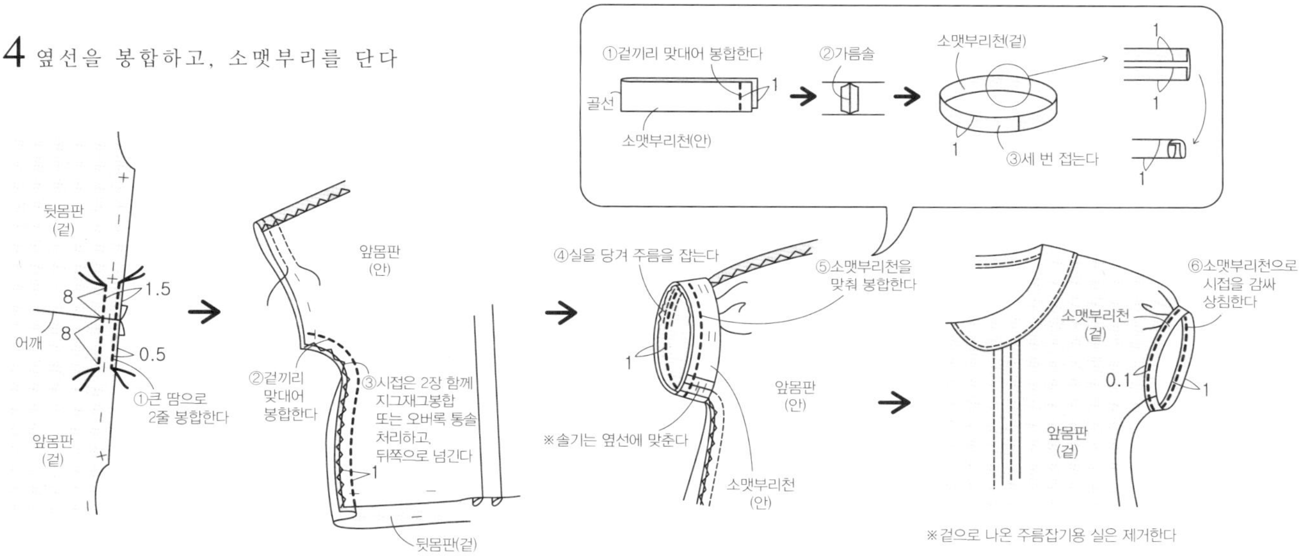

①겉끼리 맞대어 봉합한다
골선
소맷부리천(안)
1
②가름솔
③세 번 접는다
소맷부리천(겉)
1
1
1

뒷몸판(겉)
1.5
8
어깨
8
0.5
①큰 땀으로 2줄 봉합한다
앞몸판(겉)

앞몸판(안)
②겉끼리 맞대어 봉합한다
③시접은 2장 함께 지그재그봉합 또는 오버록 통솔 처리하고, 뒤쪽으로 넘긴다
1
뒷몸판(겉)

④실을 당겨 주름을 잡는다
⑤소맷부리천을 맞춰 봉합한다
1
앞몸판(안)
소맷부리천(안)
※솔기는 옆선에 맞춘다

⑥소맷부리천으로 시접을 감싸 상침한다
소맷부리천(겉)
0.1
앞몸판(겉)
※겉으로 나온 주름잡기용 실은 제거한다

5 스커트를 만들고, 밴드를 끼운 뒤 몸판과 맞춰 봉합한다

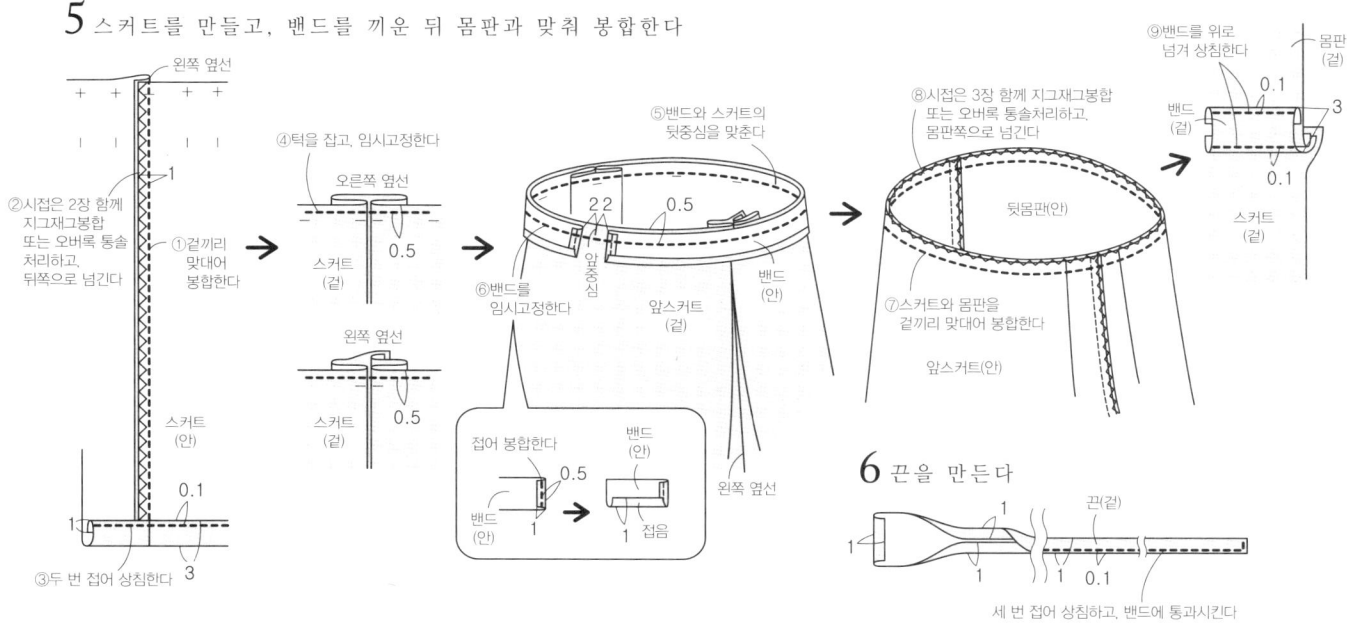

왼쪽 옆선
②시접은 2장 함께 지그재그봉합 또는 오버록 통솔 처리하고, 뒤쪽으로 넘긴다
1
①겉끼리 맞대어 봉합한다
스커트(안)
③두 번 접어 상침한다
0.1
3

④턱을 잡고, 임시고정한다
오른쪽 옆선
스커트(겉)
0.5
왼쪽 옆선
스커트(겉)
0.5

⑤밴드와 스커트의 뒷중심을 맞춘다
2 2
앞중심
0.5
⑥밴드를 임시고정한다
앞스커트(겉)
밴드(안)
왼쪽 옆선

접어 봉합한다
밴드(안)
0.5
1
밴드(안)
1 접음

⑧시접은 3장 함께 지그재그봉합 또는 오버록 통솔처리하고, 몸판쪽으로 넘긴다
뒷몸판(안)
⑦스커트와 몸판을 겉끼리 맞대어 봉합한다
앞스커트(안)

⑨밴드를 위로 넘겨 상침한다
몸판(겉)
0.1
밴드(겉)
3
0.1
스커트(겉)

6 끈을 만든다

1
1
끈(겉)
1
1
0.1
세 번 접어 상침하고, 밴드에 통과시킨다

하프 팬츠

실물크기 패턴 4면【22】 / 1―앞팬츠, 2―뒤팬츠, 3―주머니 손바닥천, 4―주머니천

■ 재료
서지 스트레치 127cm폭×160cm, 1.2cm폭의 소잉테이프 심지 60cm,
2.5cm폭의 고무줄 75cm(허리에 맞춰 조절한다)

■ 완성 사이즈 (S/M/L/LL)
엉덩이둘레 102/104/109.5/117cm
옷길이 56.5/57.5/60.5/61cm

9부 와이드 팬츠

실물크기 패턴 1면【7】 / 1―앞팬츠, 2―뒤팬츠, 3―주머니 손바닥천, 4―주머니천,
5―뒤팬츠 연결

■ 재료
코튼 110cm폭×230cm, 1.2cm폭의 소잉테이프 심지 60cm,
2.5cm폭의 고무줄 75cm(허리에 맞춰 조절한다)

■ 완성 사이즈 (S/M/L/LL)
엉덩이둘레 98/102/108/114cm
옷길이 82/83.5/87.5/88.5cm
★ 패턴 연결은 와이드 팬츠와 동일합니다.

와이드 팬츠

실물크기 패턴 1면【6】 / 1―앞팬츠, 2―뒤팬츠, 3―주머니 손바닥천, 4―주머니천,
5―뒤팬츠 연결

■ 재료
리넨 데님 145cm폭×230cm, 1.2cm폭의 소잉테이프 심지 60cm,
2.5cm의 고무줄 75cm(허리에 맞춰 조절한다)

■ 완성 사이즈 (S/M/L/LL)
엉덩이둘레 98/102/108/114cm
옷길이 97/98.5/102.5/103.5cm
★ 뒤팬츠 패턴은 [2―뒤팬츠]와 [5―뒤팬츠 연결]의 맞춤점을 맞춰 패턴을 연결한 뒤 사용한다.

만드는 방법

하프 팬츠

와이드 팬츠

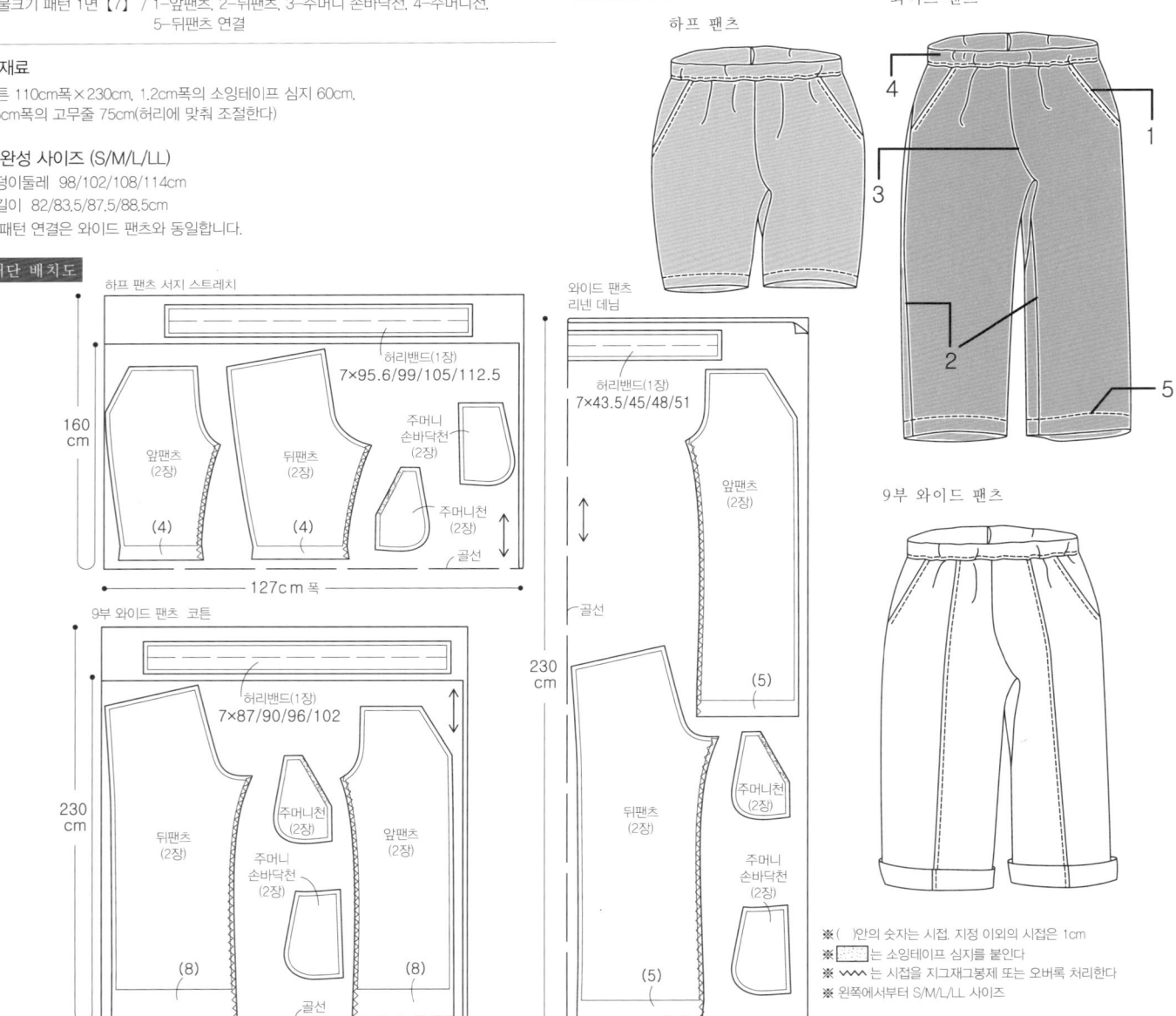

9부 와이드 팬츠

재단 배치도

하프 팬츠 서지 스트레치

허리밴드(1장)
7×95.6/99/105/112.5

앞팬츠
(2장)
(4)

뒤팬츠
(2장)
(4)

주머니
손바닥천
(2장)

주머니천
(2장)

골선

160cm

127cm 폭

9부 와이드 팬츠 코튼

허리밴드(1장)
7×87/90/96/102

뒤팬츠
(2장)
(8)

주머니천
(2장)

주머니
손바닥천
(2장)

앞팬츠
(2장)
(8)

골선

230cm

110cm 폭

와이드 팬츠
리넨 데님

허리밴드(1장)
7×43.5/45/48/51

앞팬츠
(2장)
(5)

뒤팬츠
(2장)
(5)

주머니천
(2장)

주머니
손바닥천
(2장)

골선

230cm

145cm 폭

※ ( )안의 숫자는 시접. 지정 이외의 시접은 1cm
※ ▨ 는 소잉테이프 심지를 붙인다
※ ⌇⌇ 는 시접을 지그재그봉제 또는 오버록 처리한다
※ 왼쪽에서부터 S/M/L/LL 사이즈

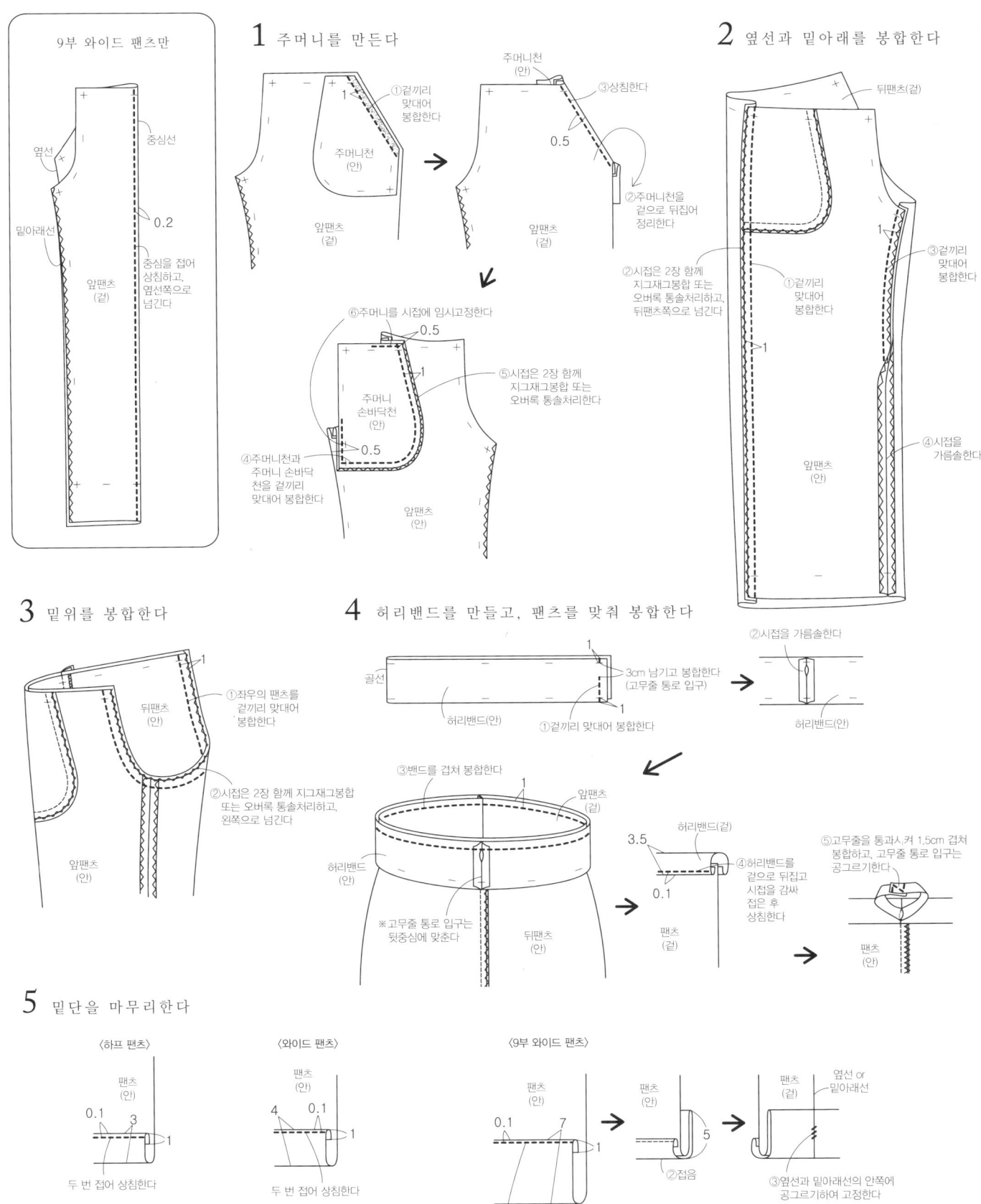

9부 와이드 팬츠만

옆선
중심선
0.2
밑아래선
중심을 접어
상침하고,
옆선쪽으로
넘긴다
앞팬츠
(겉)

1 주머니를 만든다

①겉끼리
맞대어
봉합한다
주머니천
(안)
앞팬츠
(겉)

주머니천
(안)
③상침한다
0.5
②주머니천을
겉으로 뒤집어
정리한다
앞팬츠
(겉)

⑥주머니를 시접에 임시고정한다
0.5
주머니
손바닥천
(안)
⑤시접은 2장 함께
지그재그봉합 또는
오버록 통솔처리한다
④주머니천과
주머니 손바닥
천을 겉끼리
맞대어 봉합한다
0.5
앞팬츠
(안)

2 옆선과 밑아래를 봉합한다

뒤팬츠(겉)
②시접은 2장 함께
지그재그봉합 또는
오버록 통솔처리하고,
뒤팬츠쪽으로 넘긴다
①겉끼리
맞대어
봉합한다
③겉끼리
맞대어
봉합한다
④시접을
가름솔한다
앞팬츠
(안)

3 밑위를 봉합한다

뒤팬츠
(안)
①좌우의 팬츠를
겉끼리 맞대어
봉합한다
②시접은 2장 함께 지그재그봉합
또는 오버록 통솔처리하고,
왼쪽으로 넘긴다
앞팬츠
(안)

4 허리밴드를 만들고, 팬츠를 맞춰 봉합한다

골선
허리밴드(안)
3cm 남기고 봉합한다
(고무줄 통로 입구)
①겉끼리 맞대어 봉합한다
②시접을 가름솔한다
허리밴드(안)

③밴드를 겹쳐 봉합한다
허리밴드
(안)
앞팬츠
(겉)
※고무줄 통로 입구는
뒷중심에 맞춘다
뒤팬츠
(안)

3.5
0.1
허리밴드(겉)
④허리밴드를
겉으로 뒤집고
시접을 감싸
접은 후
상침한다
팬츠
(겉)

⑤고무줄을 통과시켜 1.5cm 겹쳐
봉합하고, 고무줄 통로 입구는
공그르기한다
팬츠
(안)

5 밑단을 마무리한다

〈하프 팬츠〉
팬츠
(안)
0.1   3
1
두 번 접어 상침한다

〈와이드 팬츠〉
팬츠
(안)
4   0.1
1
두 번 접어 상침한다

〈9부 와이드 팬츠〉
팬츠
(안)
0.1   7
1
①두 번 접어 상침한다
→
팬츠
(안)
②접음
5
→
팬츠
(겉)
옆선 or
밑아래선
③옆선과 밑아래선의 안쪽에
공그르기하여 고정한다

고무줄 스커트

■ 재료

무지 리넨 108cm폭×200cm
프린트 코튼 145cm폭×200cm
2cm폭의 고무줄 75cm(허리 사이즈에 맞춰 조절한다)

■ 완성 사이즈 (S/M/L/LL)

옷길이 76.5/77.5/79/80.5cm

재단 배치도

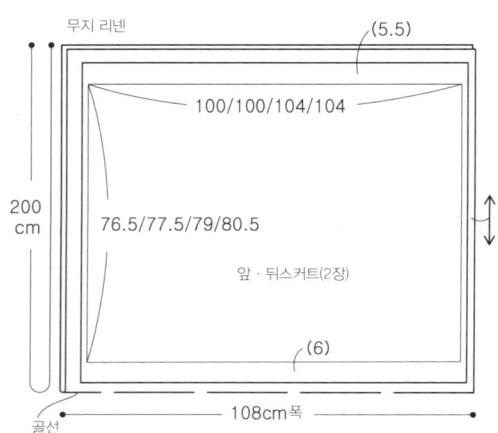

무지 리넨
(5.5)
100/100/104/104
200 cm
76.5/77.5/79/80.5
앞·뒤스커트(2장)
(6)
108cm폭
골선

※ ( )안의 숫자는 시접 지정 이외의 시접은 1cm
※ 왼쪽에서부터 S/M/L/LL 사이즈

만드는 방법

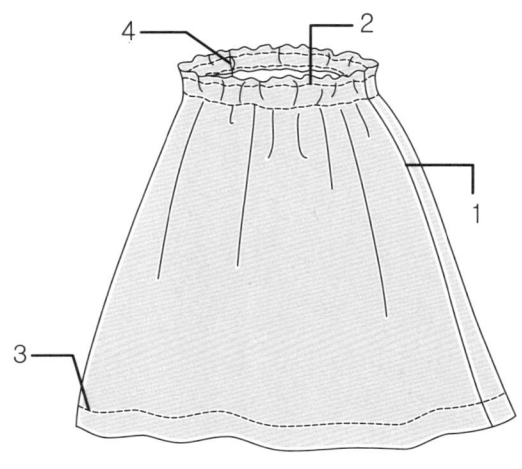

4
2
1
3

1 옆선을 봉합한다

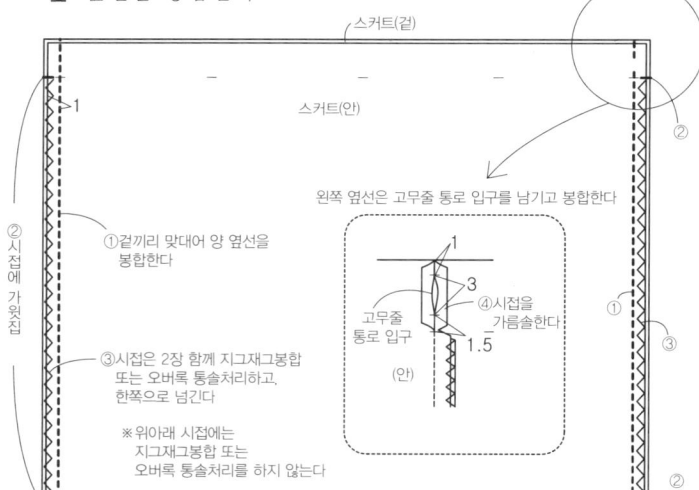

스커트(겉)
스커트(안)
1
②시접에 가윗집

①겉끼리 맞대어 양 옆선을 봉합한다

왼쪽 옆선은 고무줄 통로 입구를 남기고 봉합한다

1
3
④시접을 가름솔한다
고무줄 통로 입구
(안)
1.5

③시접은 2장 함께 지그재그봉합 또는 오버록 통솔처리하고, 한쪽으로 넘긴다

※위아래 시접에는 지그재그봉합 또는 오버록 통솔처리를 하지 않는다

②
③
①
②

2 허리를 마무리한다

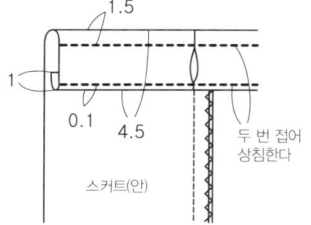

1.5
1
0.1
4.5
스커트(안)
두 번 접어 상침한다

3 밑단을 마무리한다

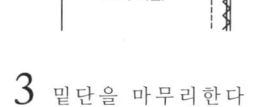

두 번 접어 상침한다
스커트(안)
0.1
1
5

4 고무줄을 통과시킨다

②고무줄을 통과시켜 1.5cm 겹쳐 봉합하고, 고무줄 통로 입구는 공그르기한다

①고무줄을 통과시킨다

스커트(안)

롤업 데님 레깅스

실물크기 패턴 3면【15】/ 1-앞팬츠, 2-앞팬츠 연결, 3-뒤팬츠, 4-뒤팬츠 연결,
5-주머니

■ 재료

스트레치 데님 135cm폭×170cm,
2.5cm폭의 고무줄 80cm(허리에 맞춰 조절한다)

■ 완성 사이즈 (S/M/L/LL)

엉덩이둘레 109/113/122/130cm
옷길이 106/107.5/111.5/112.5cm

★ 앞팬츠 패턴은 [1-앞팬츠]와 [2-앞팬츠 연결]의 맞춤점을 맞춰
  패턴을 연결한 뒤 사용한다. 뒤팬츠 패턴도 [3-뒤팬츠]와
  [4-뒤팬츠 연결]의 맞춤점을 맞춰 패턴을 연결한 뒤 사용한다.

만드는 방법

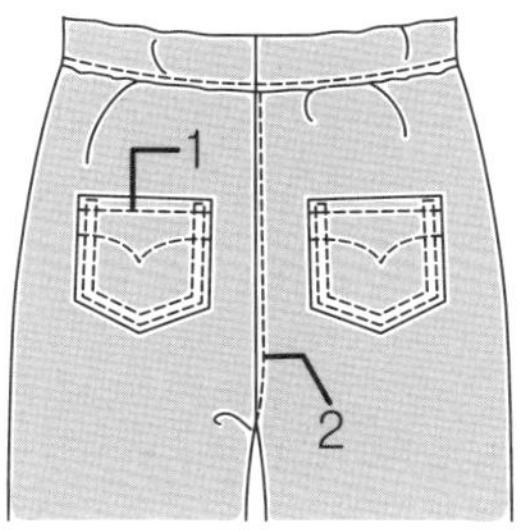

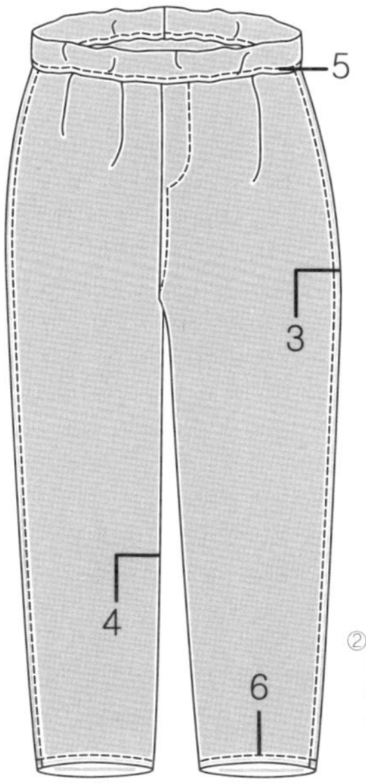

재단 배치도

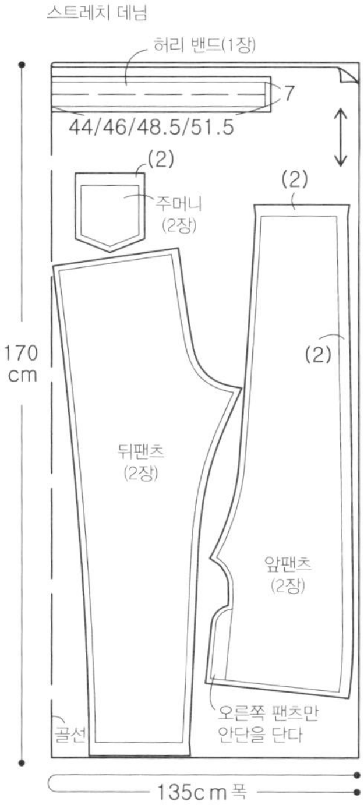

스트레치 데님

허리 밴드(1장)
7
44/46/48.5/51.5

주머니
(2장)

(2)
(2)
(2)

170 cm

뒤팬츠
(2장)

앞팬츠
(2장)

골선

오른쪽 팬츠만
안단을 단다

← 135cm 폭 →

※ ( )안의 숫자는 시접.
  지정 이외의 시접은 1cm
※ 왼쪽에서부터 S/M/L/LL 사이즈

1 주머니를 만들어 단다

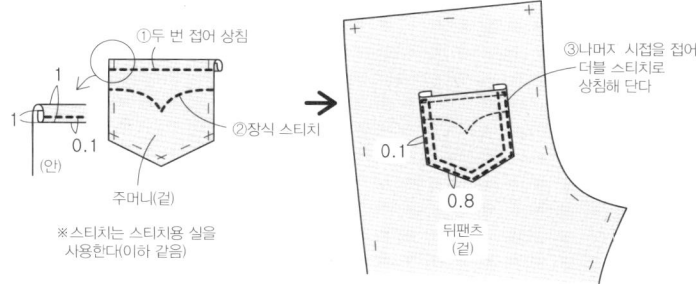

①두 번 접어 상침
1
1
0.1
(안)

②장식 스티치

주머니(겉)

③나머지 시접을 접어
더블 스티치로
상침해 단다

0.1
0.8

뒤팬츠
(겉)

※스티치는 스티치용 실을
사용한다(이하 같음)

2 밑위를 봉합한다

〈앞팬츠〉

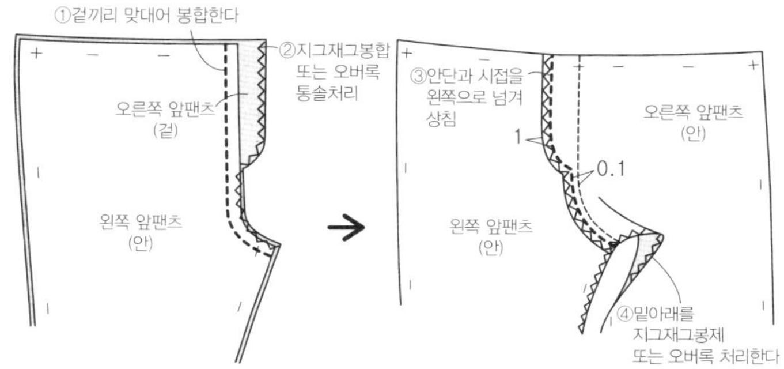

①겉끼리 맞대어 봉합한다

②지그재그봉합
또는 오버록
통솔처리

오른쪽 앞팬츠
(겉)

왼쪽 앞팬츠
(안)

③안단과 시접을
왼쪽으로 넘겨
상침

오른쪽 앞팬츠
(안)

1
0.1

왼쪽 앞팬츠
(안)

④밑아래를
지그재그봉제
또는 오버록 처리한다

〈뒤팬츠〉

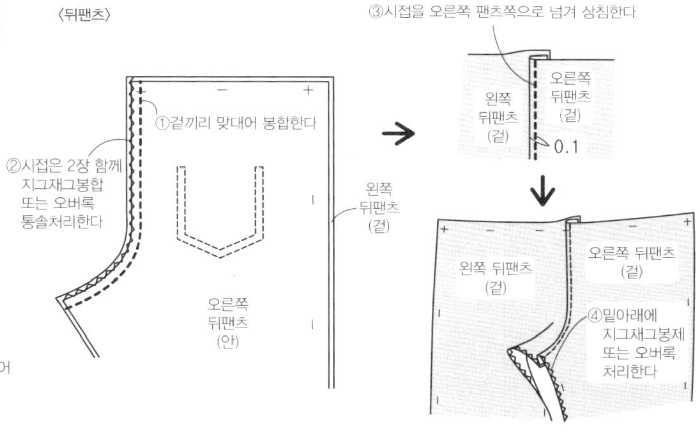

①겉끼리 맞대어 봉합한다

②시접은 2장 함께
지그재그봉합
또는 오버록
통솔처리한다

오른쪽
뒤팬츠
(안)

왼쪽
뒤팬츠
(겉)

③시접을 오른쪽 팬츠쪽으로 넘겨 상침한다

왼쪽
뒤팬츠
(겉)

오른쪽
뒤팬츠
(겉)

0.1

왼쪽 뒤팬츠
(겉)

오른쪽 뒤팬츠
(겉)

④밑아래에
지그재그봉제
또는 오버록
처리한다

3 옆선을 봉합한다

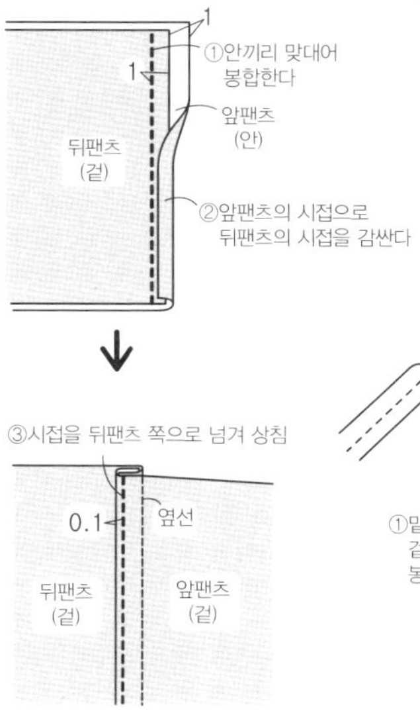

1
1

뒤팬츠
(겉)

앞팬츠
(안)

①안끼리 맞대어
봉합한다

②앞팬츠의 시접으로
뒤팬츠의 시접을 감싼다

③시접을 뒤팬츠 쪽으로 넘겨 상침

0.1 옆선

뒤팬츠
(겉)

앞팬츠
(겉)

4 밑아래를 봉합한다

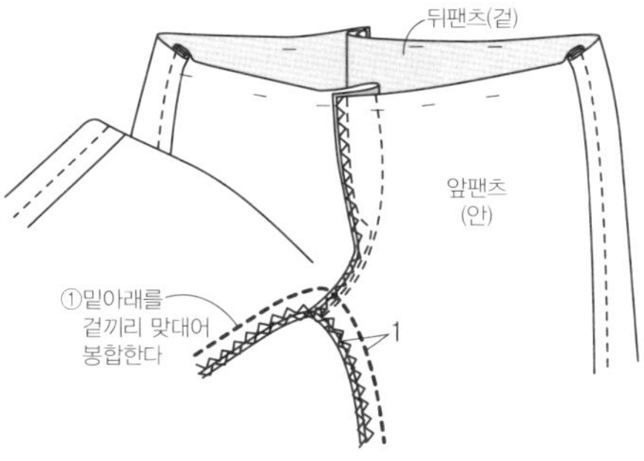

뒤팬츠(겉)

앞팬츠
(안)

①밑아래를
겉끼리 맞대어
봉합한다

1

※밑아래의 시접은 좌우를 번갈아 가며 넘긴다

5 허리밴드를 만들고,
팬츠와 맞춰 봉합한다
(P.63의 4 참조)

6 밑단을 마무리 한다

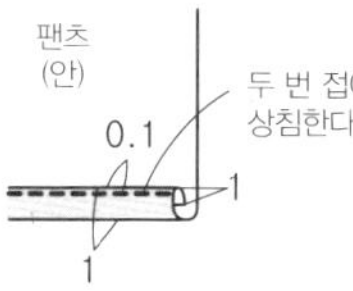

팬츠
(안)

두 번 접어
상침한다

0.1
1

살로페트(Salopette) 에이프런

실물크기 패턴 4면【26】 / 1—가슴 덧단. 2—주머니

■ 재료
무지 리넨 108cm폭×220cm, 가죽테이프 2×5cm

■ 완성 사이즈 (S/M/L/LL)
옷길이 84/85/89.5/90.5cm (끈 포함하지 않음)

재단 배치도

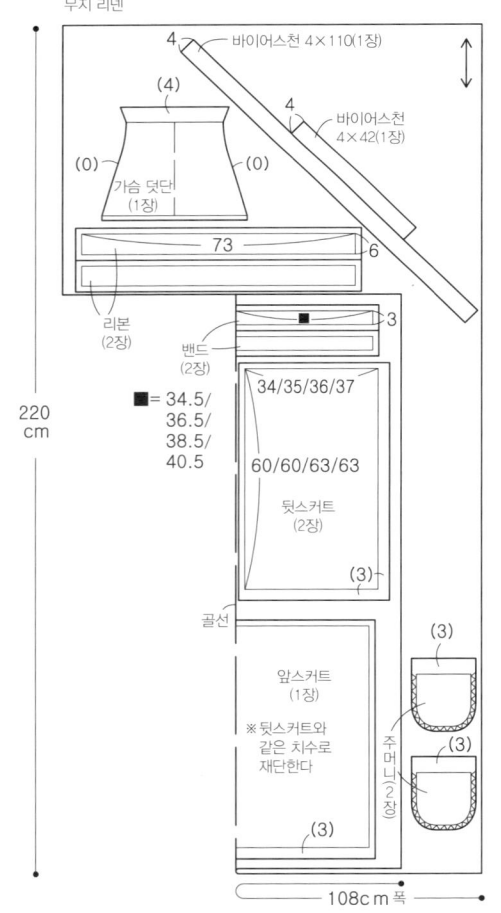

무지 리넨

4 — 바이어스천 4×110(1장)

(4)

4 — 바이어스천 4×42(1장)

(0) 가슴 덧단 (1장) (0)

73 — 6

리본 (2장)

밴드 (2장) 3

■ = 34.5/ 36.5/ 38.5/ 40.5

34/35/36/37

60/60/63/63

뒷스커트 (2장)

(3)

골선

앞스커트 (1장)

※뒷스커트와 같은 치수로 재단한다

주머니 (2장)

(3)
(3)
(3)

220 cm

108cm 폭

※ ( )안의 숫자는 시접. 지정 이외의 시접은 1cm
※ ⋀⋀⋀ 는 시접을 지그재그봉제 또는 오버록 처리한다
※ 위(왼쪽)에서부터 S/M/L/LL 사이즈

만드는 방법

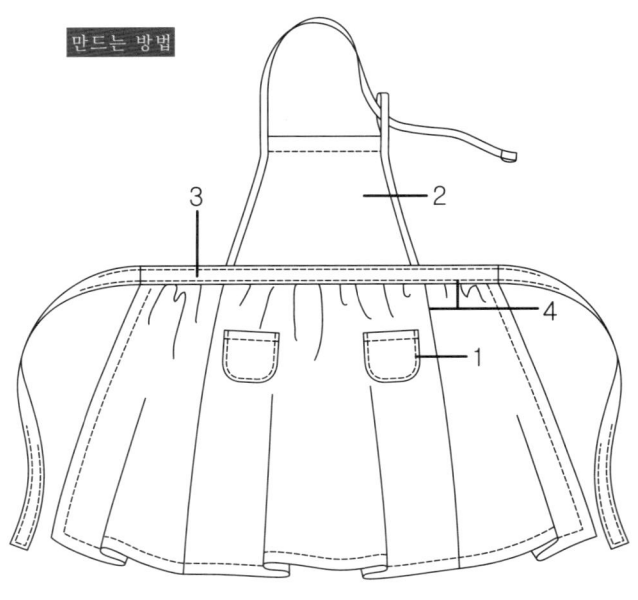

3   2

4

1

1 주머니를 만들어 단다

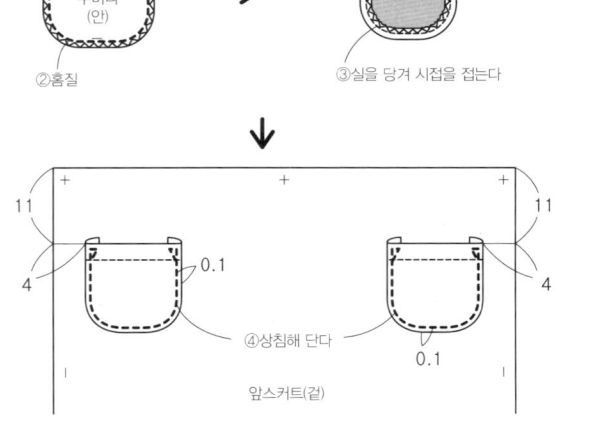

①두 번 접어 상침한다

1
2
0.1

주머니 (안)

②홈질

③실을 당겨 시접을 접는다

※곡선으로 자른 두꺼운 종이를 넣으면 모양잡기가 쉽다.

11   11

4   4

0.1   0.1

④상침해 단다

앞스커트(겉)

2 가슴 덧단을 만든다

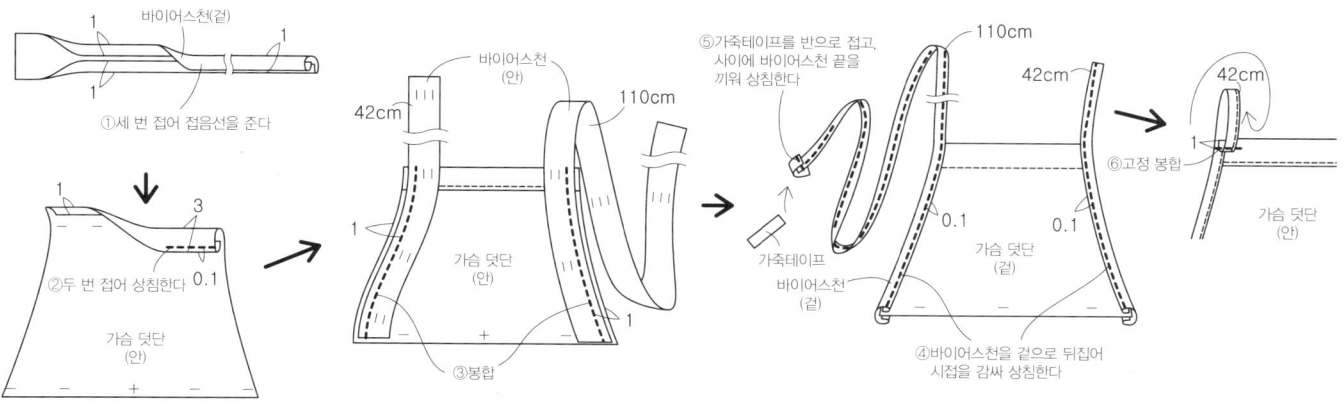

1
바이어스천(겉)
1
1
①세 번 접어 접음선을 준다

1
3
②두 번 접어 상침한다
0.1
가슴 덧단
(안)

바이어스천
(안)
42cm
110cm
1
가슴 덧단
(안)
③봉합
+ − + − 1

⑤가죽테이프를 반으로 접고,
사이에 바이어스천 끝을
끼워 상침한다
110cm
42cm
0.1
0.1
가슴 덧단
(겉)
가죽테이프
바이어스천
(겉)
④바이어스천을 겉으로 뒤집어
시접을 감싸 상침한다

42cm
1
⑥고정 봉합
가슴 덧단
(안)

3 가슴 덧단과 밴드를 맞춰 봉합하고, 리본을 단다

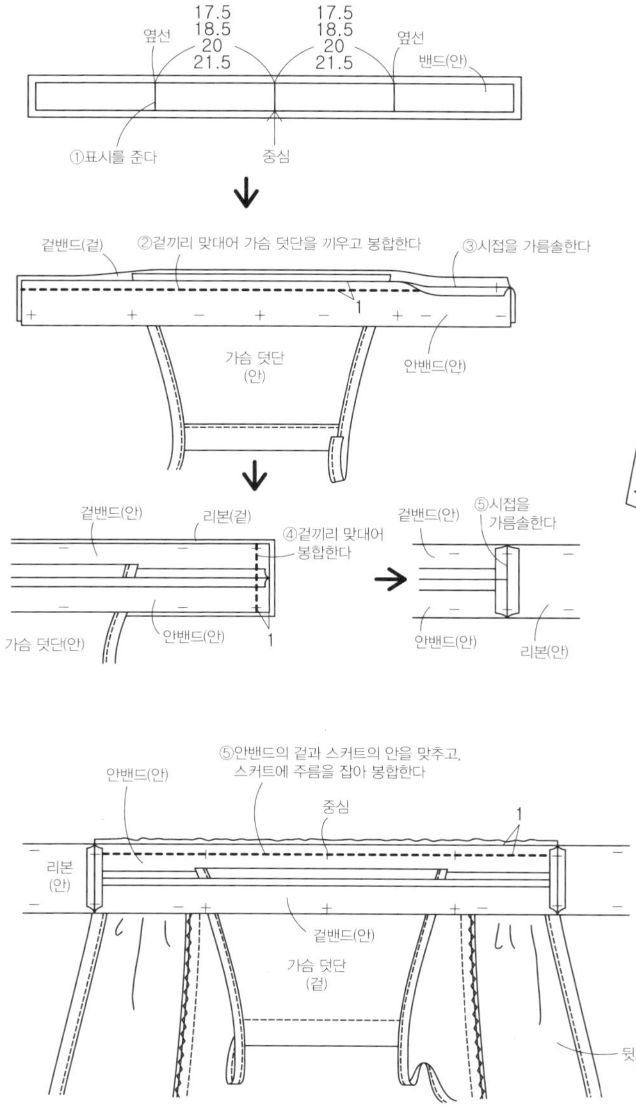

17.5
18.5
20
21.5
17.5
18.5
20
21.5
옆선
옆선
밴드(안)
①표시를 준다
중심

겉밴드(겉)
②겉끼리 맞대어 가슴 덧단을 끼우고 봉합한다
③시접을 가름솔한다
+ + − + − 1 − −
가슴 덧단
(안)
안밴드(안)

겉밴드(안)
리본(겉)
④겉끼리 맞대어 봉합한다
⑤시접을 가름솔한다
가슴 덧단(안)
안밴드(안)
안밴드(안)
리본(안)

⑤안밴드의 겉과 스커트의 안을 맞추고,
스커트에 주름을 잡아 봉합한다
중심
안밴드(안)
1
리본(안)
겉밴드(안)
가슴 덧단
(겉)
뒷스커트
(안)

4 스커트를 만들고, 밴드와 맞춰 봉합한다

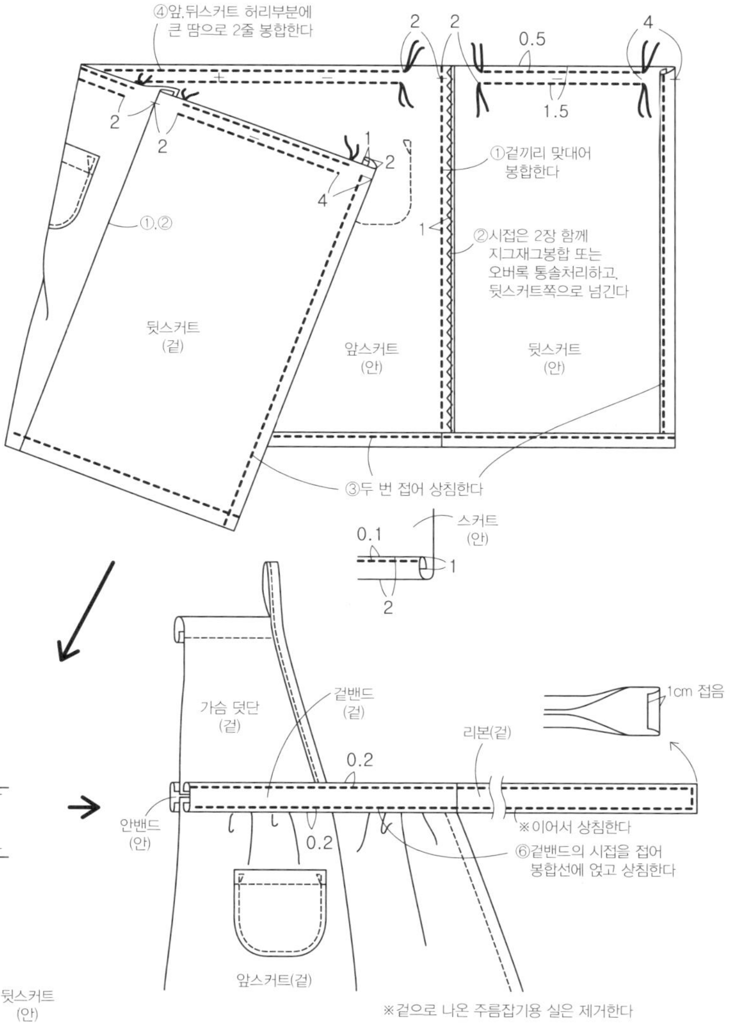

④앞.뒤스커트 허리부분에
큰 땀으로 2줄 봉합한다
2
2
0.5
4
2
2
2
1.5
2
1
4
①겉끼리 맞대어
봉합한다
①.②
뒷스커트
(겉)
앞스커트
(안)
뒷스커트
(안)
②시접은 2장 함께
지그재그봉합 또는
오버록 통솔처리하고,
뒷스커트쪽으로 넘긴다
③두 번 접어 상침한다
1

0.1
스커트
(안)
1
2

가슴 덧단
(겉)
겉밴드
(겉)
리본(겉)
1cm 접음
안밴드
(안)
0.2
0.2
※이어서 상침한다
⑥겉밴드의 시접을 접어
봉합선에 얹고 상침한다
앞스커트(겉)

※겉으로 나온 주름잡기용 실은 제거한다

67

원피스 에이프런

실물크기 패턴 3면【18】/ 1-앞·뒤몸판, 2-주머니, 3-앞·뒤몸판 연결

■ 재료
인디고 컬러의 리넨 145cm폭×180cm

■ 완성 사이즈 (S/M/L/LL)
가슴둘레 100/104/110/116cm
옷길이 106/107/112/113cm

★ 앞·뒤몸판의 패턴은 [1-앞·뒤몸판]과 [3-앞·뒤몸판 연결]의 맞춤점을 맞춰
패턴을 연결한 뒤 사용한다.

재단 배치도

인디고 컬러의 리넨

주머니
(2장)

(4)

소매 둘레용
바이어스천
2.6×90 (2장)

180
cm

앞·뒤몸판
(2장)

끈
5×150
(1장)

3.2
끈고리
(1장)
10

목둘레용 바이어스천
2.6×100(1장)
※2장을 연결한다

(4)

145cm 폭

※ ( )안의 숫자는 시접. 지정 이외의 시접은 1cm
※ ⋁⋁⋁ 는 시접을 지그재그봉제 또는 오버록 처리한다

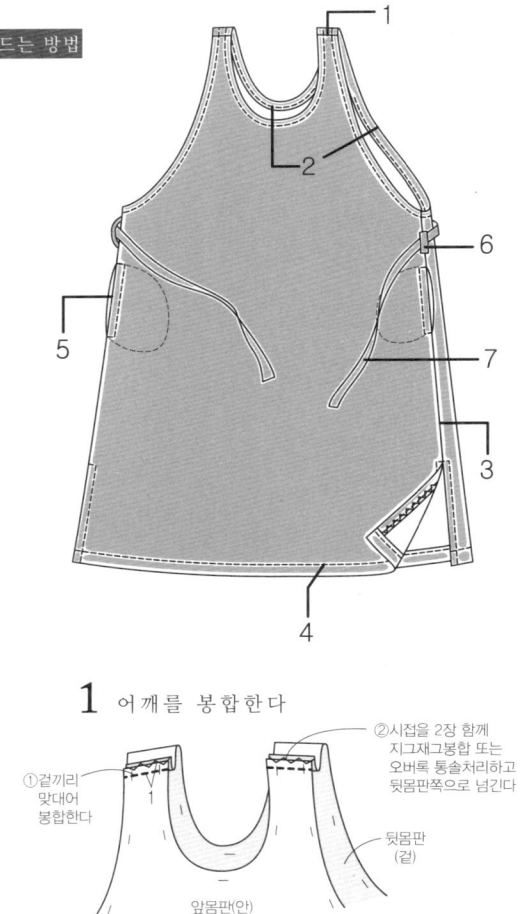

만드는 방법

1 어깨를 봉합한다

①겉끼리
맞대어
봉합한다

②시접을 2장 함께
지그재그봉합 또는
오버록 통솔처리하고
뒷몸판쪽으로 넘긴다

뒷몸판
(겉)

앞몸판(안)

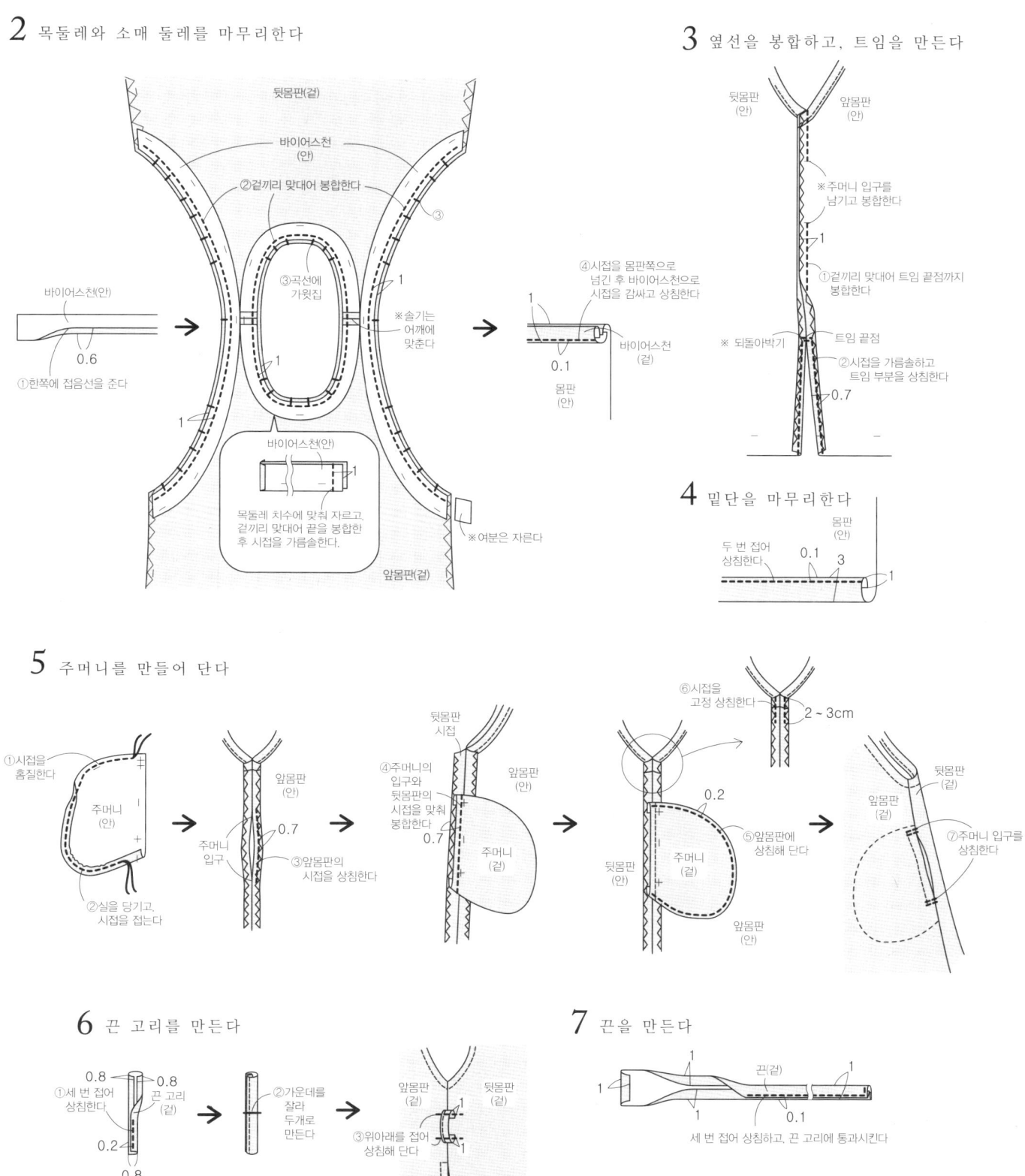

2 목둘레와 소매 둘레를 마무리한다

뒷몸판(겉)

바이어스천
(안)

②겉끼리 맞대어 봉합한다

③

바이어스천(안)

0.6

①한쪽에 접음선을 준다

③곡선에
가윗집

③

1

1

※솔기는
어깨에
맞춘다

바이어스천(안)

목둘레 치수에 맞춰 자르고,
겉끼리 맞대어 끝을 봉합한
후 시접을 가름솔한다.

1

1

앞몸판(겉)

※여분은 자른다

④시접을 몸판쪽으로
넘긴 후 바이어스천으로
시접을 감싸고 상침한다

1

0.1

몸판
(안)

바이어스천
(겉)

3 옆선을 봉합하고, 트임을 만든다

뒷몸판
(안)

앞몸판
(안)

※주머니 입구를
남기고 봉합한다

1

①겉끼리 맞대어 트임 끝점까지
봉합한다

트임 끝점

※ 되돌아박기

②시접을 가름솔하고
트임 부분을 상침한다

0.7

4 밑단을 마무리한다

몸판
(안)

두 번 접어
상침한다

0.1

3

1

5 주머니를 만들어 단다

①시접을
홈질한다

주머니
(안)

②실을 당기고,
시접을 접는다

주머니
입구

앞몸판
(안)

0.7

③앞몸판의
시접을 상침한다

뒷몸판
시접

④주머니의
입구와
뒷몸판의
시접을 맞춰
봉합한다

0.7

앞몸판
(안)

주머니
(겉)

⑥시접을
고정 상침한다

2～3cm

0.2

뒷몸판
(안)

주머니
(겉)

⑤앞몸판에
상침해 단다

앞몸판
(안)

뒷몸판
(겉)

앞몸판
(겉)

⑦주머니 입구를
상침한다

6 끈 고리를 만든다

0.8

0.8

①세 번 접어
상침한다

끈 고리
(겉)

0.2

0.8

②가운데를
잘라
두개로
만든다

앞몸판
(겉)

뒷몸판
(겉)

1

③위아래를 접어
상침해 단다

옆선

7 끈을 만든다

1

끈(겉)

1

1

1

0.1

세 번 접어 상침하고, 끈 고리에 통과시킨다

퀼 팅 재 킷

실물크기 패턴 3면【16】 / 1-앞몸판, 2-뒷몸판, 3-소매, 4-칼라, 5-주머니

■ **재료**
리버티 프린트 퀼팅 원단 107cm폭×210cm, 무지 리넨 145cm폭×50cm,
지름 1.3cm의 도트 단추 4쌍

■ **완성 사이즈 (S/M/L/LL)**
가슴둘레 97/100/106/112cm
옷길이 65/66/68/69cm

재단 배치도

리버티 프린트 퀼팅 원단

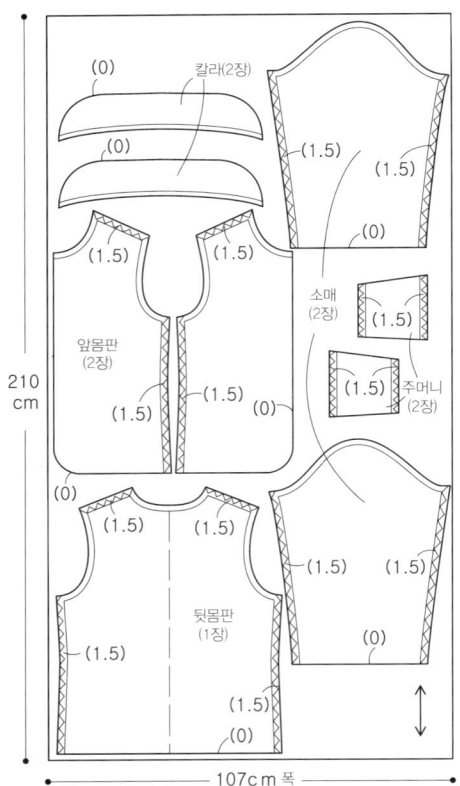

107cm 폭
210cm

※ ( )안의 숫자는 시접. 지정 이외의 시접은 1cm
※ ∿∿∿ 는 시접을 지그재그봉제 또는 오버록 처리한다

바이어스천
4.5cm폭×300cm 1장(목둘레~몸판 둘레용)
4.5cm폭×16cm 2장(주머니용)
4.5cm폭×35cm 2장(소맷부리용)
3cm폭×60cm 1장(목둘레용)

무지 리넨
50cm
145cm 폭

※ 필요한 길이만큼 연결해
준비한다 (P.43참고)

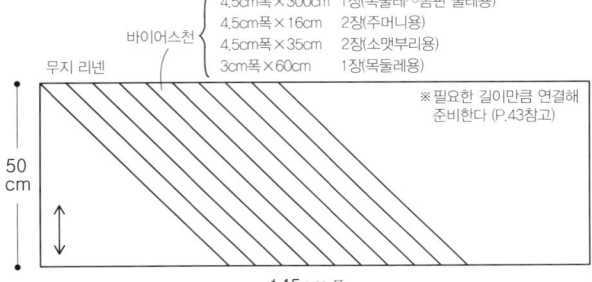

만드는 방법

〈바이어스 처리 하는 방법〉

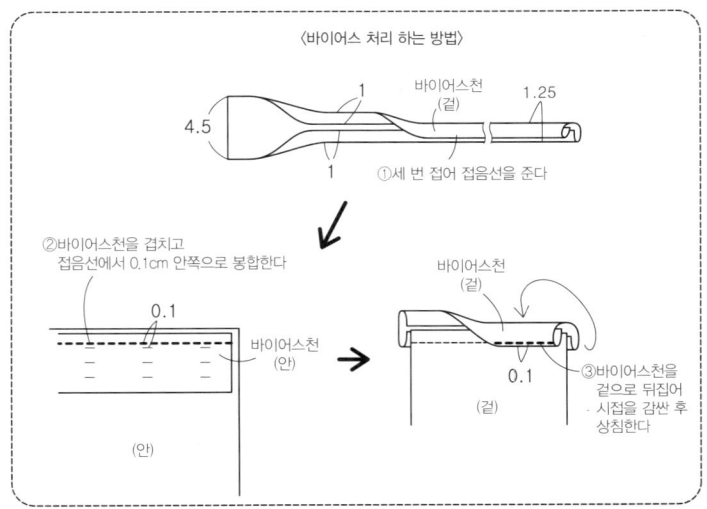

바이어스천
(겉)
4.5   1   1.25
1
①세 번 접어 접음선을 준다

②바이어스천을 겹치고
접음선에서 0.1cm 안쪽으로 봉합한다
0.1
바이어스천
(안)
(안)

바이어스천
(겉)
0.1
③바이어스천을
겉으로 뒤집어
시접을 감싼 후
상침한다
(겉)

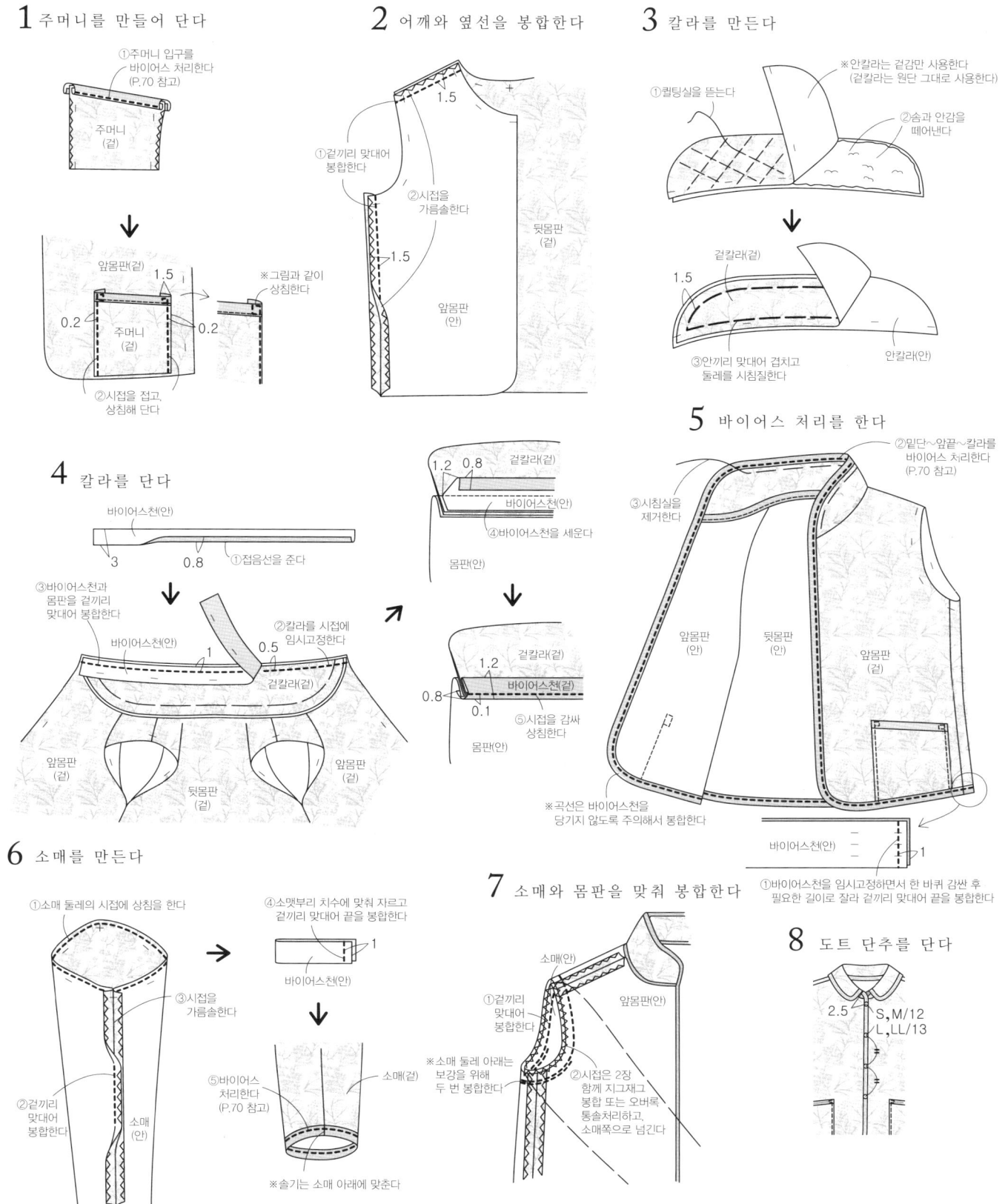

1 주머니를 만들어 단다

①주머니 입구를
바이어스 처리한다
(P.70 참고)

주머니
(겉)

앞몸판(겉)   1.5

0.2   주머니
(겉)   0.2

②시접을 접고,
상침해 단다

※그림과 같이
상침한다

2 어깨와 옆선을 봉합한다

1.5

①겉끼리 맞대어
봉합한다

②시접을
가름솔한다

1.5

뒷몸판
(겉)

앞몸판
(안)

3 칼라를 만든다

※안칼라는 겉감만 사용한다
(겉칼라는 원단 그대로 사용한다)

①퀼팅실을 뜯는다

②솜과 안감을
떼어낸다

겉칼라(겉)

1.5

안칼라(안)

③안끼리 맞대어 겹치고
둘레를 시침질한다

4 칼라를 단다

바이어스천(안)

3   0.8   ①접음선을 준다

③바이어스천과
몸판을 겉끼리
맞대어 봉합한다

바이어스천(안)

②칼라를 시접에
임시고정한다

1   0.5

겉칼라(겉)

앞몸판
(겉)

뒷몸판
(겉)

앞몸판
(겉)

겉칼라(겉)

1.2   0.8

바이어스천(안)

④바이어스천을 세운다

몸판(안)

겉칼라(겉)

1.2

바이어스천(겉)

0.8

0.1

⑤시접을 감싸
상침한다

몸판(안)

5 바이어스 처리를 한다

②밑단~앞끝~칼라를
바이어스 처리한다
(P.70 참고)

③시침실을
제거한다

앞몸판
(안)

뒷몸판
(안)

앞몸판
(겉)

※곡선은 바이어스천을
당기지 않도록 주의해서 봉합한다

바이어스천(안)   1

①바이어스천을 임시고정하면서 한 바퀴 감싼 후
필요한 길이로 잘라 겉끼리 맞대어 끝을 봉합한다

6 소매를 만든다

①소매 둘레의 시접에 상침을 한다

②겉끼리
맞대어
봉합한다

③시접을
가름솔한다

소매
(안)

④소맷부리 치수에 맞춰 자르고
겉끼리 맞대어 끝을 봉합한다

1

바이어스천(안)

⑤바이어스
처리한다
(P.70 참고)

소매(겉)

※솔기는 소매 아래에 맞춘다

7 소매와 몸판을 맞춰 봉합한다

소매(안)

①겉끼리
맞대어
봉합한다

앞몸판(안)

※소매 둘레 아래는
보강을 위해
두 번 봉합한다

②시접은 2장
함께 지그재그
봉합 또는 오버록
통솔처리하고,
소매쪽으로 넘긴다

8 도트 단추를 단다

2.5   S,M/12
L,LL/13

노 칼라 코트 (롱)

실물크기 패턴 4면 【23】/ 1-앞몸판, 2-앞안단, 3-뒷몸판, 4-뒤안단, 5-소매
6-앞몸판 · 앞안단 연결, 7-뒷몸판 연결

■ 재료
압축 울 138cm폭×290cm, 무지 코튼 45×30cm,
접착심 100×60cm, 지름 1.5cm의 스냅 단추 2개

■ 완성 사이즈 (S/M/L/LL)
가슴둘레 106/110/116/121cm
옷길이 99/101/105/106cm

★앞몸판, 앞안단 패턴은 [1,2-앞몸판,앞안단]과 [6-앞몸판, 앞안단 연결]의 맞춤점을,
  뒷몸판 패턴은 [3-뒷몸판]과 [7-뒷몸판 연결]의 맞춤점을 맞춰 패턴을 연결한 뒤 사용한다.

노 칼라 코트 (숏)

실물크기 패턴 4면 【24】/ 1-앞몸판, 2-앞안단, 3-뒷몸판, 4-뒤안단, 5-소매

■ 재료
무지 울 140cm폭×190cm,
보더 울 140cm폭×90cm,
무지 코튼 45×30cm, 접착심 100×60cm

■ 완성 사이즈 (S/M/L/LL)
가슴둘레 106/110/116/121cm
옷길이 71/73/77/78cm

재단 배치도

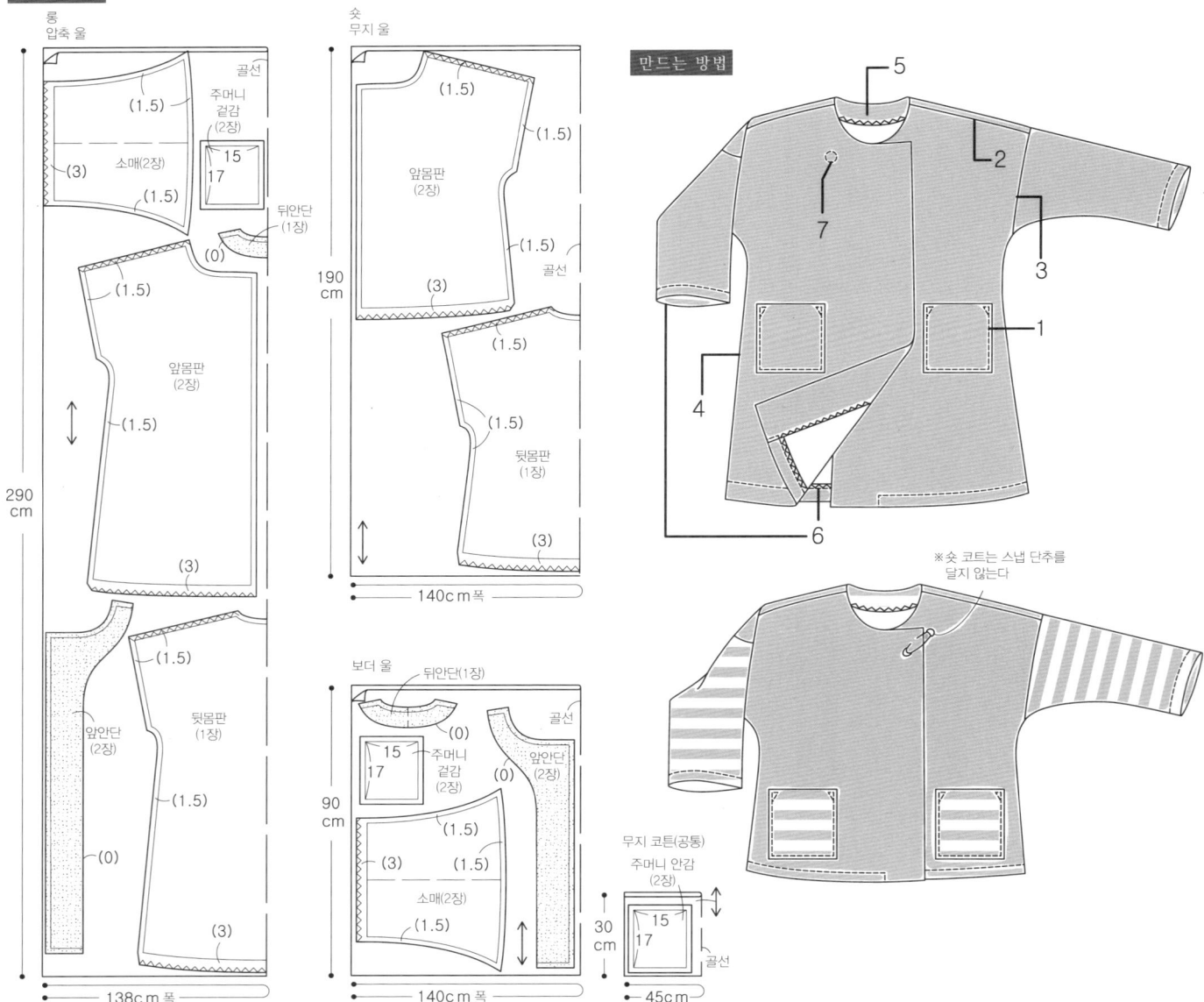

만드는 방법

롱
압축 울

숏
무지 울

보더 울

무지 코튼(공통)
주머니 안감
(2장)

※숏 코트는 스냅 단추를
  달지 않는다

※( )안의 숫자는 시접. 지정 이외의 시접은 1cm
※   는 접착심을 붙인다
※ ∿∿ 는 시접을 지그재그봉제 또는 오버록 처리한다

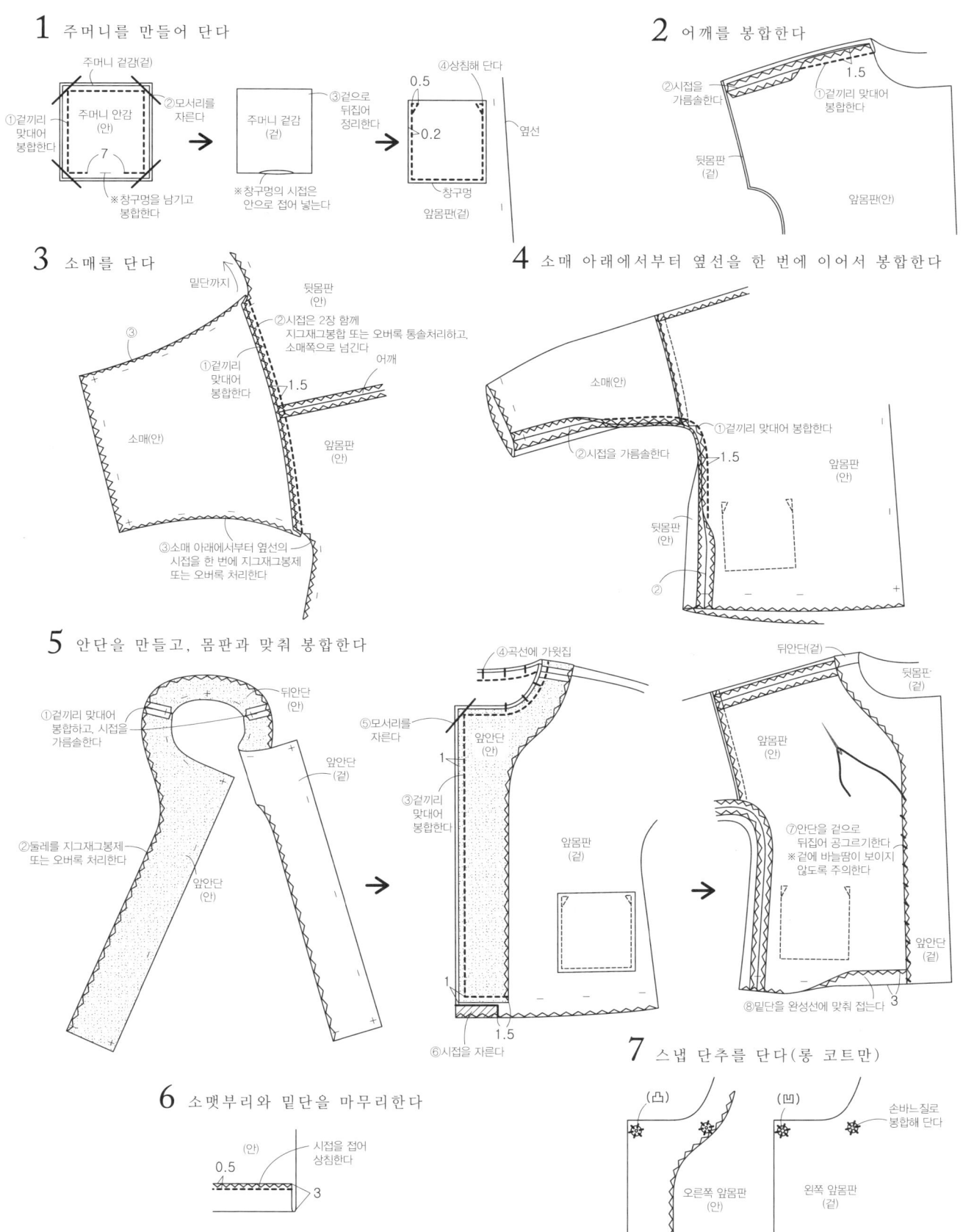

1 주머니를 만들어 단다

주머니 겉감(겉)
①겉끼리 맞대어 봉합한다
②모서리를 자른다
주머니 안감(안)
7
※창구멍을 남기고 봉합한다

주머니 겉감(겉)
③겉으로 뒤집어 정리한다

④상침해 단다
0.5
0.2
옆선
창구멍
앞몸판(겉)
※창구멍의 시접은 안으로 접어 넣는다

2 어깨를 봉합한다

②시접을 가름솔한다
1.5
①겉끼리 맞대어 봉합한다
뒷몸판(겉)
앞몸판(안)

3 소매를 단다

밑단까지
③
소매(안)
뒷몸판(안)
②시접은 2장 함께 지그재그봉합 또는 오버록 통솔처리하고, 소매쪽으로 넘긴다
①겉끼리 맞대어 봉합한다
1.5
어깨
앞몸판(안)
③소매 아래에서부터 옆선의 시접을 한 번에 지그재그봉제 또는 오버록 처리한다

4 소매 아래에서부터 옆선을 한 번에 이어서 봉합한다

소매(안)
①겉끼리 맞대어 봉합한다
②시접을 가름솔한다
1.5
앞몸판(안)
뒷몸판(안)
②

5 안단을 만들고, 몸판과 맞춰 봉합한다

①겉끼리 맞대어 봉합하고, 시접을 가름솔한다
뒤안단(안)
앞안단(겉)
②둘레를 지그재그봉제 또는 오버록 처리한다
앞안단(안)

④곡선에 가윗집
⑤모서리를 자른다
앞안단(안)
1
③겉끼리 맞대어 봉합한다
앞몸판(겉)
1
1.5
⑥시접을 자른다

뒤안단(겉)
뒷몸판(겉)
앞몸판(안)
⑦안단을 겉으로 뒤집어 공그르기한다
※겉에 바늘땀이 보이지 않도록 주의한다
앞안단(겉)
3
⑧밑단을 완성선에 맞춰 접는다

6 소맷부리와 밑단을 마무리한다

(안)
0.5
시접을 접어 상침한다
3

7 스냅 단추를 단다(롱 코트만)

(凸)
(凹)
손바느질로 봉합해 단다
오른쪽 앞몸판(안)
왼쪽 앞몸판(겉)

73

테일러드 칼라 코트

실물크기 패턴 3면【17】 / 1-앞몸판, 2-앞안단, 3-뒷몸판, 4-뒤안단,
5-소매, 6-칼라

■ 재료
기모 리넨 108cm폭×300cm, 무지 코튼 90×50cm,
접착심 100×70cm, 지름 2.2cm의 단추 3개

■ 완성 사이즈 (S/M/L/LL)
가슴둘레 96/99/105/111cm
옷길이 93/95/99/100.5cm

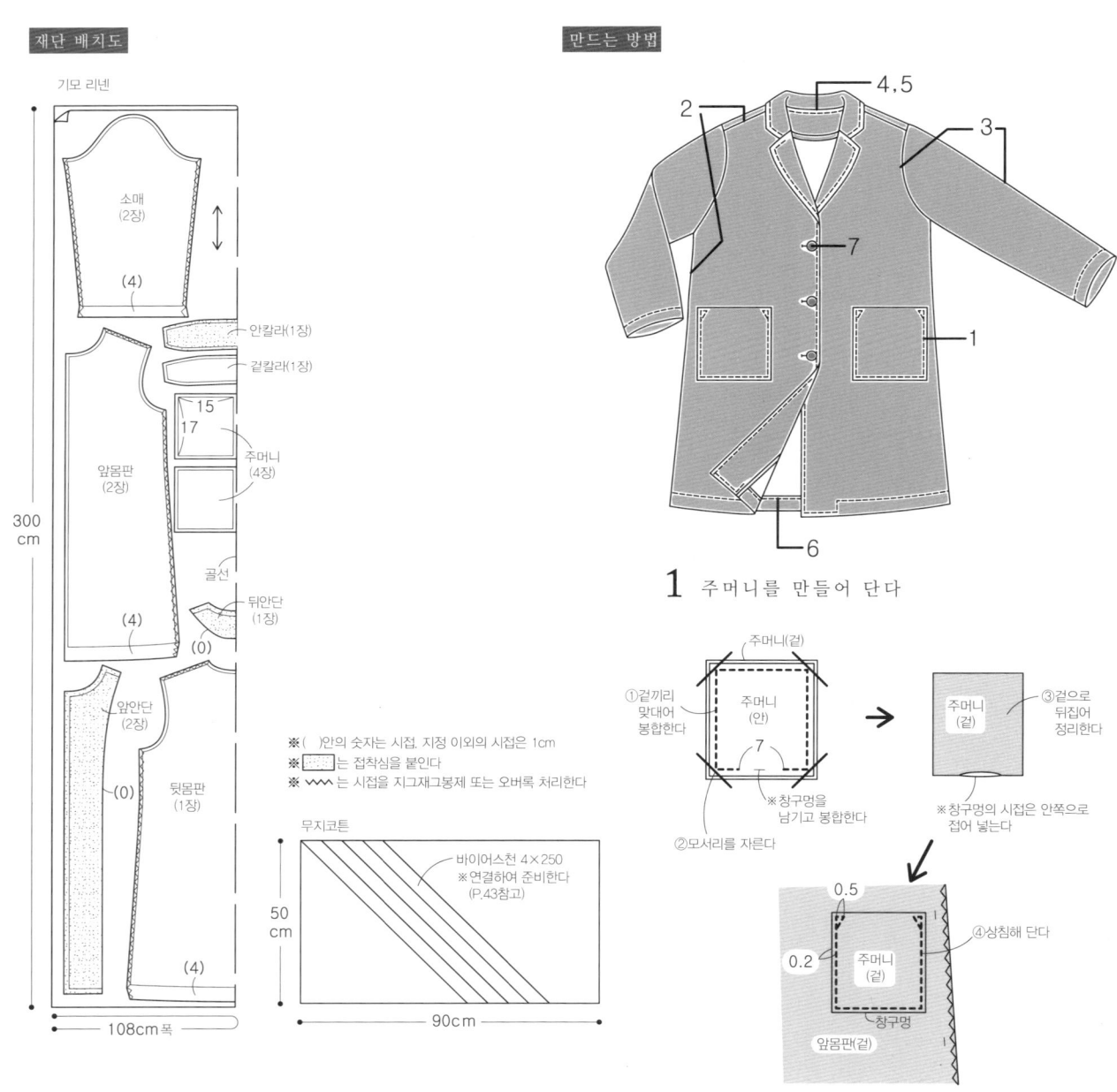

재단 배치도

기모 리넨

소매
(2장)

(4)

안칼라(1장)
겉칼라(1장)

15
17

주머니
(4장)

앞몸판
(2장)

300
cm

골선

뒤안단
(1장)

(4)

(0)

앞안단
(2장)

(0)

뒷몸판
(1장)

(4)

108cm폭

※ ( )안의 숫자는 시접. 지정 이외의 시접은 1cm
※ [ ]는 접착심을 붙인다
※ ∿∿ 는 시접을 지그재그봉제 또는 오버록 처리한다

무지코튼

바이어스천 4×250
※연결하여 준비한다
(P.43참고)

50
cm

90cm

만드는 방법

2

4,5

3

7

1

6

1 주머니를 만들어 단다

주머니(겉)

①겉끼리
맞대어
봉합한다

주머니
(안)

7

②모서리를 자른다

※창구멍을
남기고 봉합한다

주머니
(겉)

③겉으로
뒤집어
정리한다

※창구멍의 시접은 안쪽으로
접어 넣는다

0.5

0.2

주머니
(겉)

④상침해 단다

창구멍

앞몸판(겉)

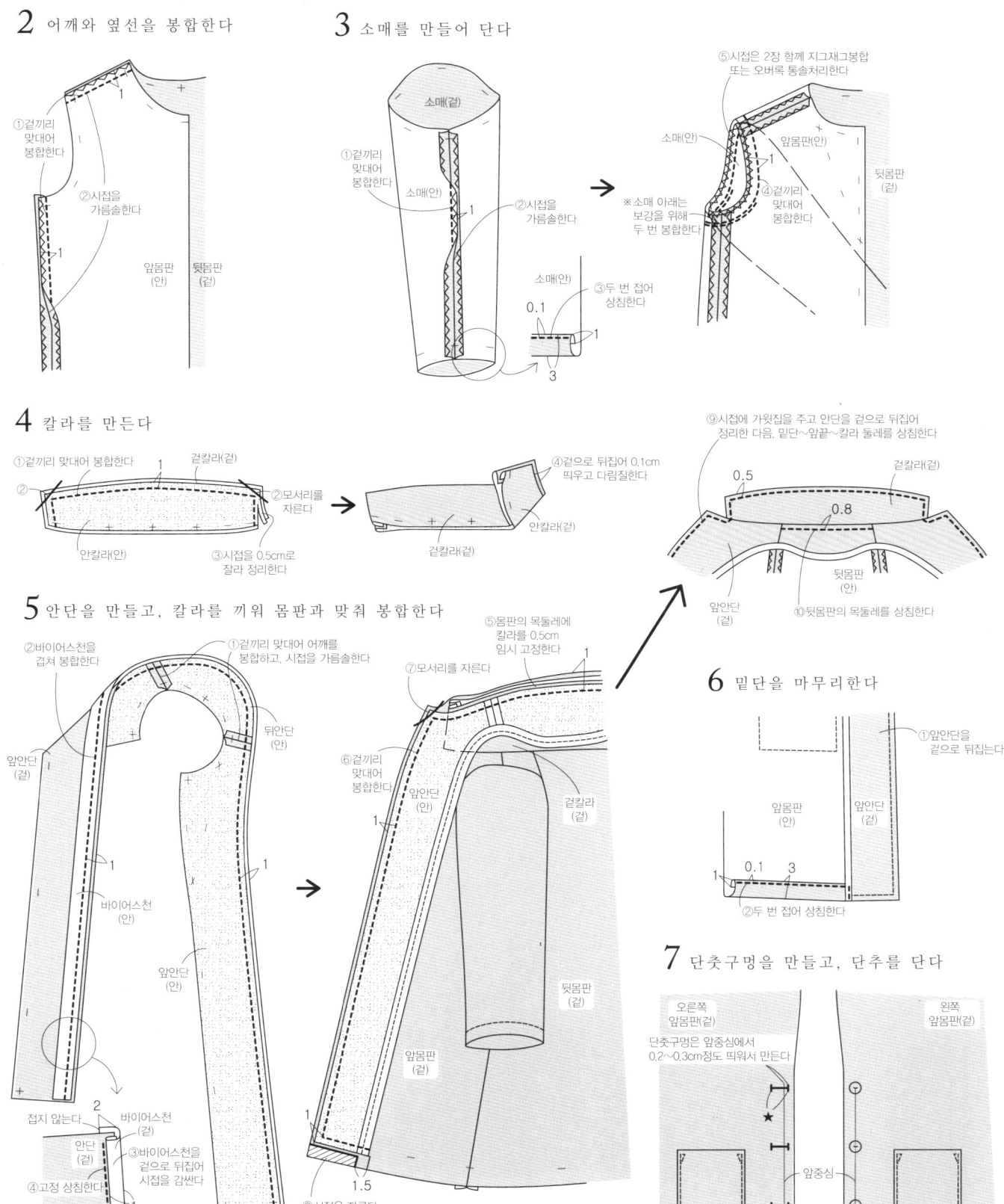

2 어깨와 옆선을 봉합한다

①겉끼리 맞대어 봉합한다
②시접을 가름솔한다
앞몸판(안)
뒷몸판(겉)
1

3 소매를 만들어 단다

소매(겉)
①겉끼리 맞대어 봉합한다
소매(안)
②시접을 가름솔한다
소매(안)
③두 번 접어 상침한다
0.1
3
1

⑤시접은 2장 함께 지그재그봉합 또는 오버록 통솔처리한다
소매(안)
소매(안)
앞몸판(안)
뒷몸판(겉)
④겉끼리 맞대어 봉합한다
※소매 아래는 보강을 위해 두 번 봉합한다
1

4 칼라를 만든다

①겉끼리 맞대어 봉합한다
겉칼라(겉)
1
②
②모서리를 자른다
안칼라(안)
③시접을 0.5cm로 잘라 정리한다

④겉으로 뒤집어 0.1cm 띄우고 다림질한다
안칼라(겉)
겉칼라(겉)

⑨시접에 가윗집을 주고 안단을 겉으로 뒤집어 정리한 다음, 밑단~앞끝~칼라 둘레를 상침한다
0.5
0.8
겉칼라(겉)
앞안단(겉)
뒷몸판(안)
⑩뒷몸판의 목둘레를 상침한다

5 안단을 만들고, 칼라를 끼워 몸판과 맞춰 봉합한다

②바이어스천을 겹쳐 봉합한다
①겉끼리 맞대어 어깨를 봉합하고, 시접을 가름솔한다
⑤몸판의 목둘레에 칼라를 0.5cm 임시 고정한다
⑦모서리를 자른다
앞안단(겉)
뒤안단(안)
1
1
바이어스천(안)
앞안단(안)
⑥겉끼리 맞대어 봉합한다
앞안단(안)
겉칼라(겉)
1
뒷몸판(겉)
앞몸판(겉)
접지 않는다
2
바이어스천(겉)
안단(겉)
③바이어스천을 겉으로 뒤집어 시접을 감싼다
④고정 상침한다
1
1.5
⑧시접을 자른다

6 밑단을 마무리한다

①앞안단을 겉으로 뒤집는다
앞몸판(안)
앞안단(겉)
0.1
3
1
②두 번 접어 상침한다

7 단춧구멍을 만들고, 단추를 단다

오른쪽 앞몸판(겉)
왼쪽 앞몸판(겉)
단춧구멍은 앞중심에서 0.2~0.3cm정도 띄워서 만든다
★
앞중심

75

판초 코트

실물크기 패턴 4면 【25】 / 1-앞몸판, 2-앞옆몸판, 3-뒷몸판, 4-뒤옆몸판, 5-후드

■ 재료

(나일론)옥스퍼드 104cm폭×320cm, 지름 1.2cm의 T단추 7쌍.
(플리스)무지 플리스 150cm폭×210cm, 1.3cm폭의 울바인딩 400cm.
지름 1.2cm의 가시도트 단추 7쌍

■ 완성 사이즈 (S/M/L/LL)

옷길이 64/65.5/67/68cm

재단 배치도

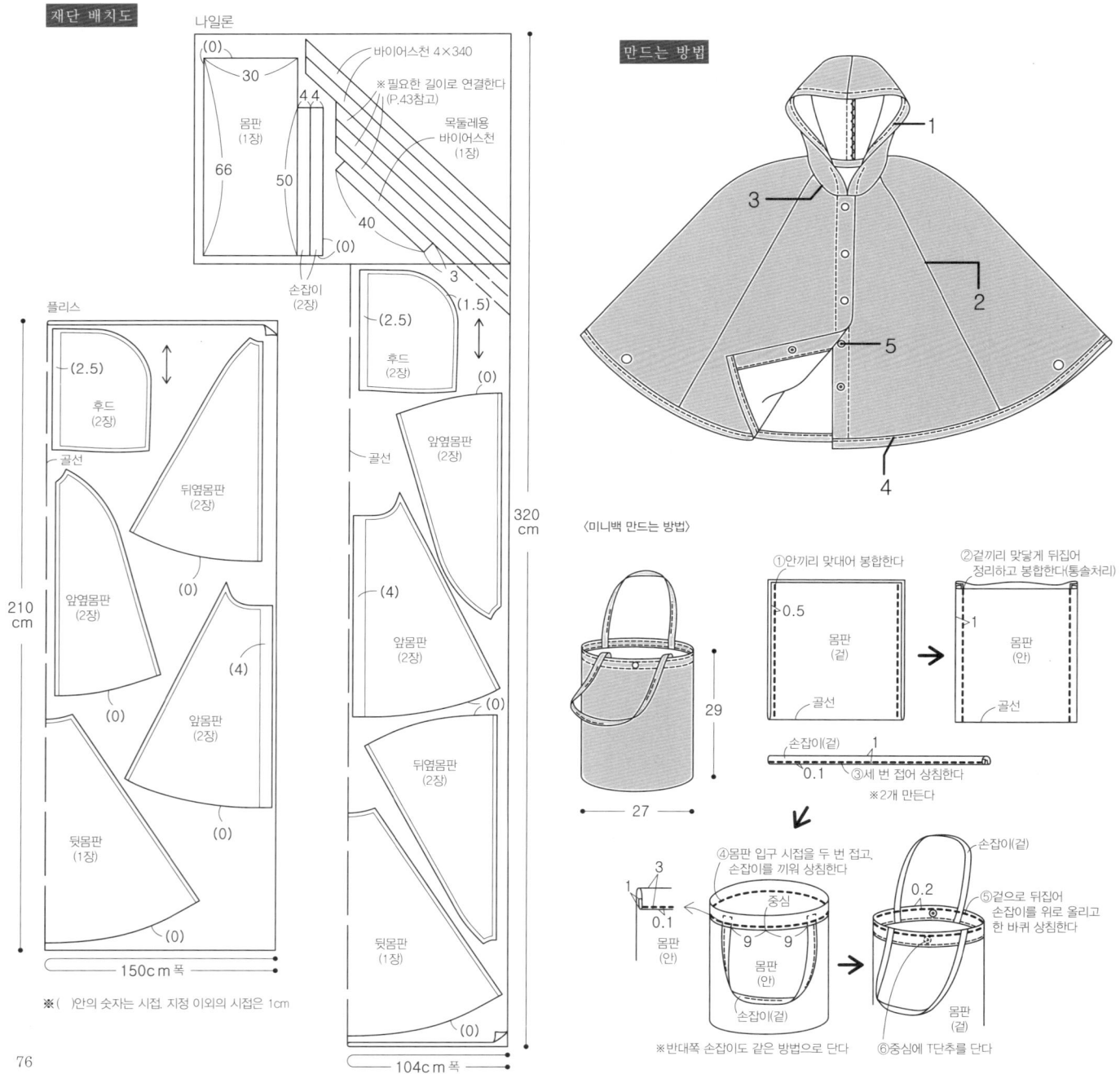

나일론

(0)
30
몸판
(1장)
66
50
4 4
바이어스천 4×340
※ 필요한 길이로 연결한다
(P.43참고)
목둘레용
바이어스천
(1장)
40
(0)
3
손잡이
(2장)

플리스

(2.5)
후드
(2장)
골선
뒤옆몸판
(2장)
(0)
앞옆몸판
(2장)
(0)
(4)
앞몸판
(2장)
뒷몸판
(1장)
(0)
210 cm
150cm 폭

(2.5)
후드
(2장)
(1.5)
(0)
골선
앞옆몸판
(2장)
(4)
앞몸판
(2장)
(0)
뒤옆몸판
(2장)
(0)
뒷몸판
(1장)
(0)
320 cm
104cm 폭

※ (　)안의 숫자는 시접. 지정 이외의 시접은 1cm

만드는 방법

1
3
2
5
4

〈미니백 만드는 방법〉

① 안끼리 맞대어 봉합한다
0.5
몸판
(겉)
골선

② 겉끼리 맞닿게 뒤집어
정리하고 봉합한다(통솔처리)
1
몸판
(안)
골선

손잡이(겉)
1
0.1
③ 세 번 접어 상침한다
※ 2개 만든다

29
27

④ 몸판 입구 시접을 두 번 접고,
손잡이를 끼워 상침한다
3
1
0.1
중심
9　9
몸판
(안)
손잡이(겉)

⑤ 겉으로 뒤집어
손잡이를 위로 올리고
한 바퀴 상침한다
손잡이(겉)
0.2
몸판
(겉)

※ 반대쪽 손잡이도 같은 방법으로 단다

⑥ 중심에 T단추를 단다

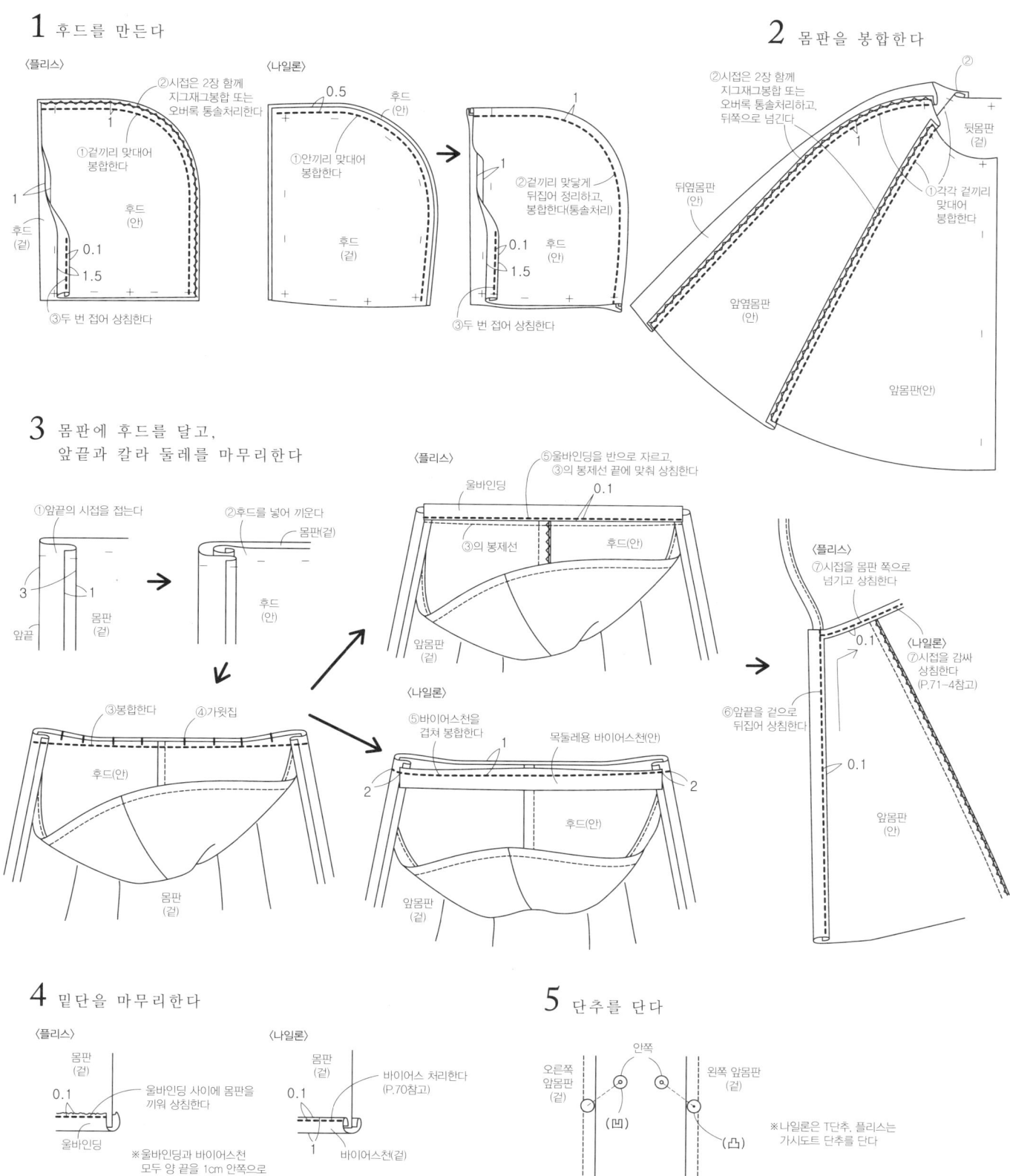

1 후드를 만든다

〈플리스〉

②시접은 2장 함께
지그재그봉합 또는
오버록 통솔처리한다

①겉끼리 맞대어
봉합한다

후드
(안)

1

후드
(겉)

1

0.1

1.5

③두 번 접어 상침한다

〈나일론〉

0.5

후드
(안)

①안끼리 맞대어
봉합한다

후드
(겉)

1

②겉끼리 맞닿게
뒤집어 정리하고,
봉합한다(통솔처리)

후드
(안)

0.1

1.5

③두 번 접어 상침한다

2 몸판을 봉합한다

②시접은 2장 함께
지그재그봉합 또는
오버록 통솔처리하고,
뒤쪽으로 넘긴다

②

뒷몸판
(겉)

①각각 겉끼리
맞대어
봉합한다

뒤옆몸판
(안)

앞옆몸판
(안)

앞몸판(안)

3 몸판에 후드를 달고,
앞끝과 칼라 둘레를 마무리한다

①앞끝의 시접을 접는다

3

1

앞끝

몸판
(겉)

②후드를 넣어 끼운다

몸판(겉)

후드
(안)

③봉합한다

④가윗집

후드(안)

몸판
(겉)

〈플리스〉

울바인딩

⑤울바인딩을 반으로 자르고,
③의 봉제선 끝에 맞춰 상침한다

0.1

③의 봉제선

후드(안)

앞몸판
(겉)

〈나일론〉

⑤바이어스천을
겹쳐 봉합한다

1

목둘레용 바이어스천(안)

후드(안)

2

앞몸판
(겉)

2

〈플리스〉

⑦시접을 몸판 쪽으로
넘기고 상침한다

0.1

〈나일론〉

⑦시접을 감싸
상침한다
(P.71-4참고)

⑥앞끝을 겉으로
뒤집어 상침한다

0.1

앞몸판
(안)

4 밑단을 마무리한다

〈플리스〉

몸판
(겉)

0.1

울바인딩 사이에 몸판을
끼워 상침한다

울바인딩

〈나일론〉

몸판
(겉)

0.1

1

바이어스 처리한다
(P.70참고)

바이어스천(겉)

※울바인딩과 바이어스천
모두 양 끝을 1cm 안쪽으로
접는다

5 단추를 단다

오른쪽
앞몸판
(겉)

안쪽

(凹)

(凸)

왼쪽 앞몸판
(겉)

※나일론은 T단추, 플리스는
가시도트 단추를 단다

no. 27 PHOTO » p.40

하이넥 트레이너

실물크기 패턴 2면【13】 / 1-앞몸판, 2-뒷몸판, 3-소매

no. 28 PHOTO » p.40

배기 팬츠

실물크기 패턴 3면【19】 / 1-앞팬츠, 2-뒤팬츠

■ 재료

기모 리넨 175m폭×230cm, 싱글 다이마루 150cm×65cm

(팬츠만) 접착심 3×12cm, 리넨 끈 150cm, 지름 0.5cm의 아일렛 2개

■ 완성 사이즈 (S/M/L/LL)

〈하이넥 트레이너〉

가슴둘레 91/94/100/105cm

옷길이 67/68/70/71cm

〈배기 팬츠〉

엉덩이둘레 97/100/106/112cm

옷길이 84.5/85.5/89/91.5cm

재단 배치도

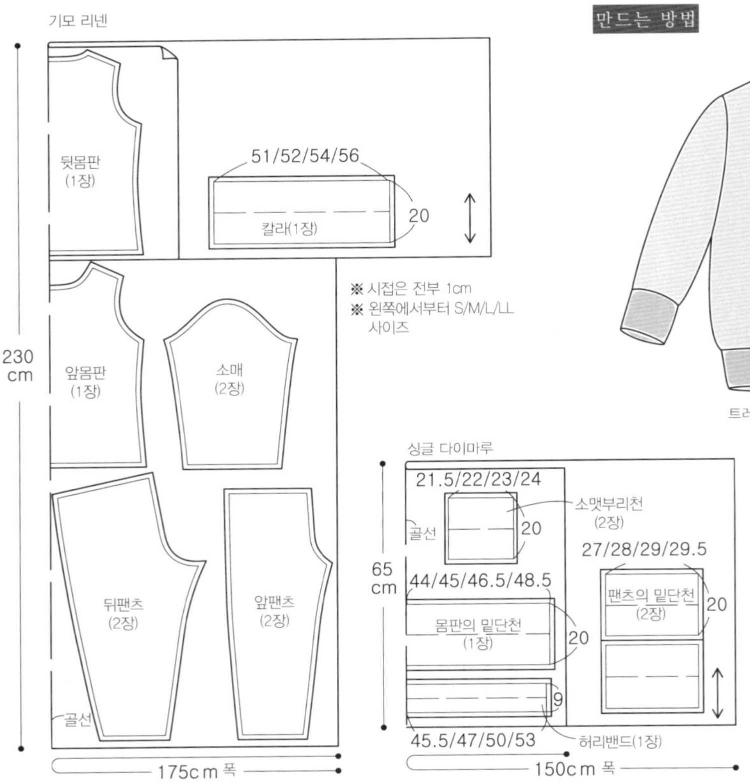

기모 리넨
뒷몸판 (1장)
51/52/54/56
20
칼라(1장)
230 cm
앞몸판 (1장)
소매 (2장)
※ 시접은 전부 1cm
※ 왼쪽에서부터 S/M/L/LL 사이즈
뒤팬츠 (2장)
앞팬츠 (2장)
골선
175cm 폭
싱글 다이마루
21.5/22/23/24
소맷부리천 (2장)
골선
20
65 cm
27/28/29/29.5
44/45/46.5/48.5
팬츠의 밑단천 (2장)
몸판의 밑단천 (1장)
20
9
45.5/47/50/53
허리밴드(1장)
150cm 폭

만드는 방법

2
1
3

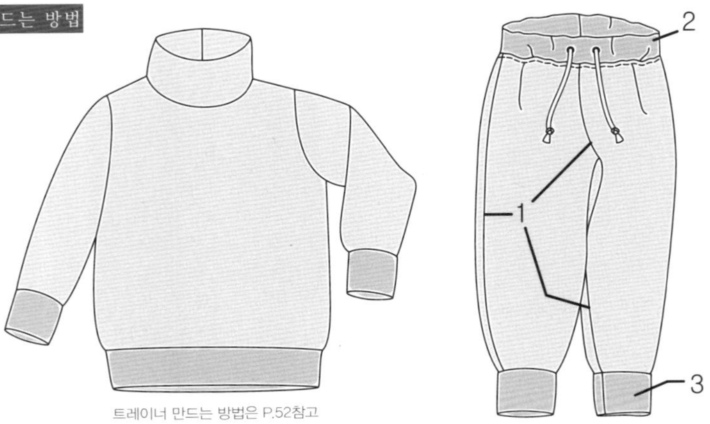

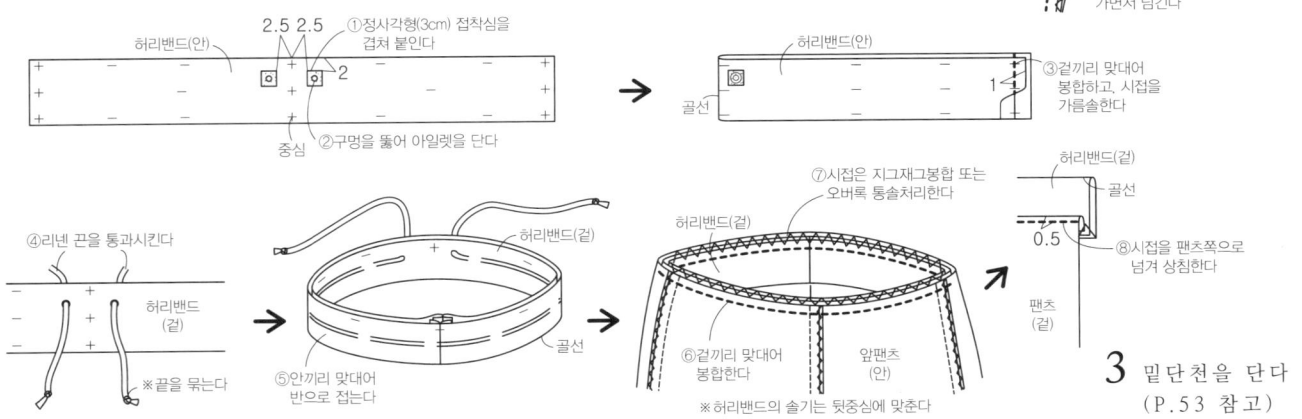

트레이너 만드는 방법은 P.52참고

1 밑위 · 옆선 · 밑아래를 봉합한다

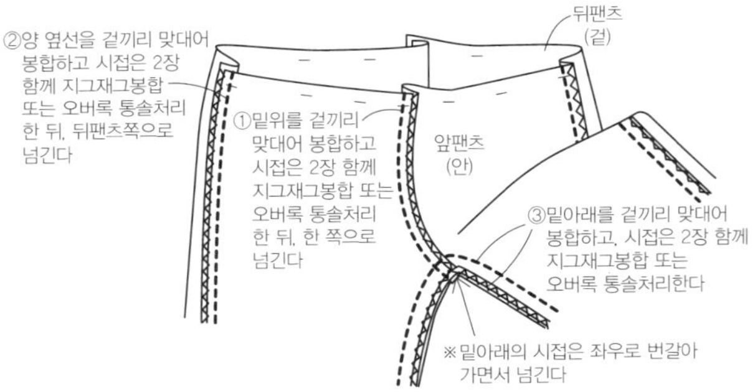

②양 옆선을 겉끼리 맞대어 봉합하고 시접은 2장 함께 지그재그봉합 또는 오버록 통솔처리 한 뒤, 뒤팬츠쪽으로 넘긴다
뒤팬츠 (겉)
①밑위를 겉끼리 맞대어 봉합하고 시접은 2장 함께 지그재그봉합 또는 오버록 통솔처리 한 뒤, 한 쪽으로 넘긴다
앞팬츠 (안)
③밑아래를 겉끼리 맞대어 봉합하고, 시접은 2장 함께 지그재그봉합 또는 오버록 통솔처리한다
※밑아래의 시접은 좌우로 번갈아 가면서 넘긴다

2 허리밴드를 만들고, 팬츠와 맞춰 봉합한다

2.5 2.5
①정사각형(3cm) 접착심을 겹쳐 붙인다
허리밴드(안)
2
중심
②구멍을 뚫어 아일렛을 단다
허리밴드(안)
골선
1
③겉끼리 맞대어 봉합하고, 시접을 가름솔한다
④리넨 끈을 통과시킨다
허리밴드 (겉)
※끝을 묶는다
허리밴드(겉)
골선
⑤안끼리 맞대어 반으로 접는다
⑦시접은 지그재그봉합 또는 오버록 통솔처리한다
허리밴드(겉)
⑥겉끼리 맞대어 봉합한다
앞팬츠 (안)
※허리밴드의 솔기는 뒷중심에 맞춘다

허리밴드(겉)
골선
0.5
⑧시접을 팬츠쪽으로 넘겨 상침한다
팬츠 (겉)

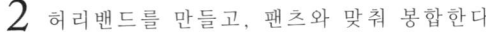

3 밑단천을 단다

(P.53 참고)

토트백

■ 재료
무지 리넨 125cm폭×110cm, 0.5cm폭의 가죽끈 40cm

■ 완성 사이즈
입구폭 64cm×높이 42cm×밑모서리 20cm

재단 배치도

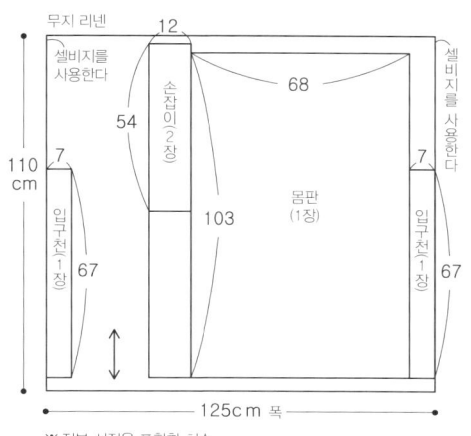

무지 리넨
셀비지를 사용한다
12
손잡이(2장)
54
68
110cm
7
7
입구천(1장)
67
몸판(1장)
103
입구천(1장)
67
셀비지를 사용한다
125cm 폭

※ 전부 시접을 포함한 치수

만드는 방법

1 몸판의 옆선을 봉합한다

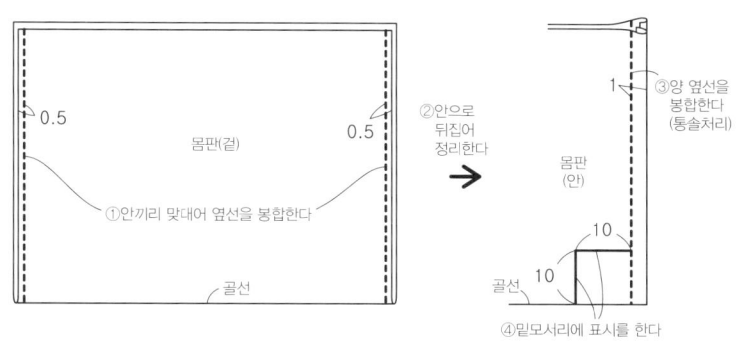

0.5
몸판(겉)
0.5
①안끼리 맞대어 옆선을 봉합한다
골선
②안으로 뒤집어 정리한다
③양 옆선을 봉합한다 (통솔처리)
1
몸판(안)
10
골선
10
④밑모서리에 표시를 한다

2 밑모서리를 만든다

3 손잡이를 만든다

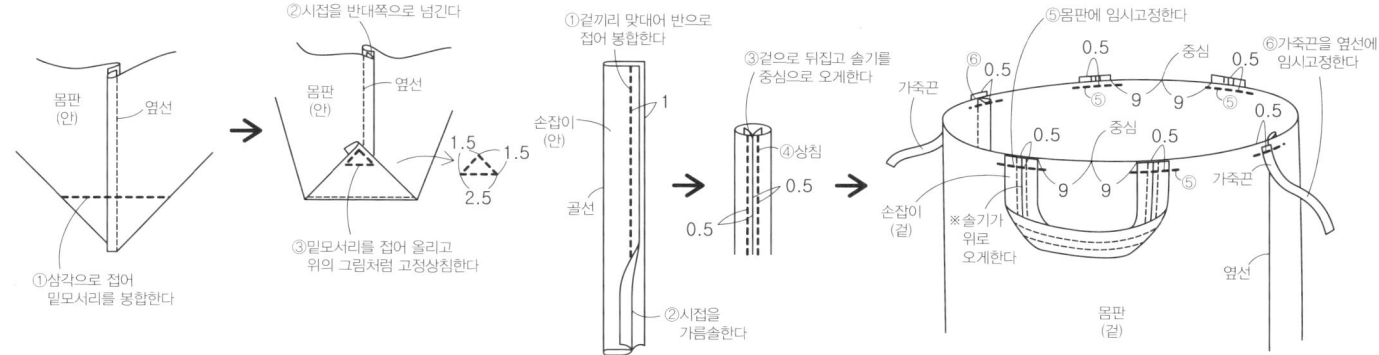

몸판(안)　옆선
①삼각으로 접어 밑모서리를 봉합한다
②시접을 반대쪽으로 넘긴다
몸판(안)　옆선
1.5　1.5
2.5
③밑모서리를 접어 올리고 위의 그림처럼 고정상침한다

①겉끼리 맞대어 반으로 접어 봉합한다
손잡이(안)
1
골선
②시접을 가름솔한다
③겉으로 뒤집고 솔기를 중심으로 오게한다
④상침
0.5
0.5
손잡이(겉)
※솔기가 위로 오게한다

⑤몸판에 임시고정한다
0.5　중심　0.5
⑥　0.5
가죽끈
0.5
9　9
0.5
0.5　중심　0.5
9　9
⑤
가죽끈
⑥가죽끈을 옆선에 임시고정한다
옆선
몸판(겉)

4 입구천을 만들고, 몸판과 맞춰 봉합한다

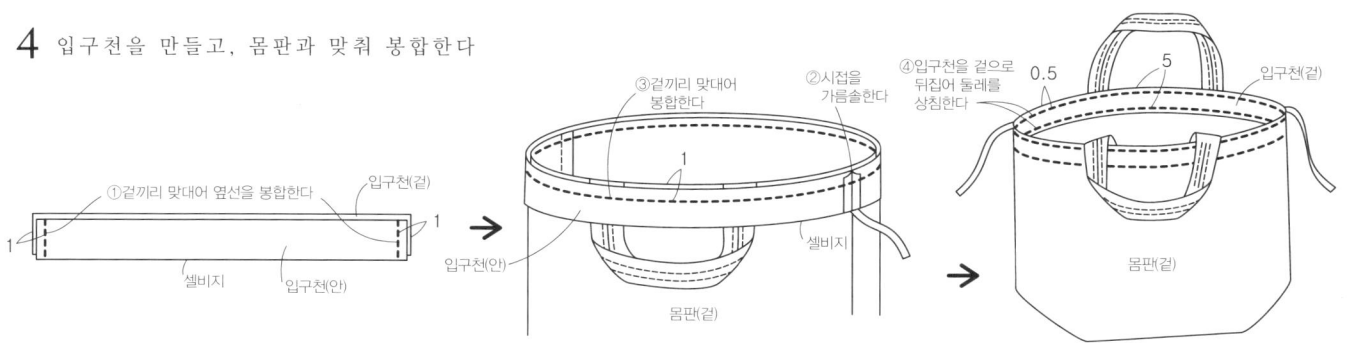

①겉끼리 맞대어 옆선을 봉합한다
입구천(겉)
1
1
셀비지
입구천(안)
③겉끼리 맞대어 봉합한다
②시접을 가름솔한다
1
입구천(안)
셀비지
몸판(겉)
④입구천을 겉으로 뒤집어 둘레를 상침한다
0.5
5
입구천(겉)
몸판(겉)

May Me 이토 미치요

[심플하면서 입기 편하고, 애착을 가지고 오래 입을 수 있는 옷]을 테마로 성인복을 제작. 작품은 이벤나무 코우카 유원지의 잡화점 [Sunny days]등에서 판매하고 있으며, 폭넓은 연령층으로부터 지지를 받고 있다. 2015년 1월에 개봉한 영화 [A stitch of life]에서 양재 지도를 하였으며 보그학원 강사로 활동하고 있다.

【HP】 http://home.c07.itscom.net/mayme/
【FB】 https://www.facebook.com/MayMe58/

쉽게 만들어 입는 핸드메이드 여성복

초판 1쇄 인쇄 2018년 12월 17일
초판 1쇄 발행 2018년 12월 24일

발 행 인 정용효
기획/제작 오하나 배지영 국미진
번   역 손수현
편   집 이성모
인   쇄 웰컴P&P

신고번호 제2016-000002호
신고일자 2016년 01월 26일
발 행 처 주)핸디스 소잉스토리
         광주광역시 북구 서암대로 133(신안동), 3층
대표전화 062_513_8957
팩   스 062_522_8827
문의전화 070_8893_9218
홈페이지 www.sewingstory.com

I S B N 979-11-88062-20-1 13590
판 매 가 15,000원

staff

아트디렉션   成澤豪（なかよし図工室）
디자인   成澤宏美（なかよし図工室）
촬영   久富健太郎（SPUTNIK）
스타일링   森谷則秋（プロセス）、渡辺華奈（一部切り抜き）
             佐藤かな
헤어메이크업   AKI
모델   美代
만드는 방법 해설   網田ようこ
만드는 방법 트레이스   加山明子
패턴 그레이딩   有限会社セリオ
패턴 레이아웃   中村有里
편집   浦崎朋子

May Me Style Otonano Fudangi (NV80429)
Copyright © 2014 Michiyo Ito / NIHON VOGUE-SHA
All rights reserved.
Photographer : Kentaro Hisadomi, Noriaki Moriya, Kana Watanabe
First published in Japan in 2014 by Nihon Vogue Co., Ltd.
This Korean edition is published by arrangement with
Nihon Vogue Co., Ltd, Tokyo
in care of Daijo Corp., Osaka.

※ 잘못 인쇄된 책은 구입처에서 교환해 드립니다.
※ 소잉스토리는 소잉D.I.Y 취미실용서를 출간합니다.

이 도서의 국립중앙도서관 출판예정도서목록(CIP)은 서지정보유통지원시스템 홈페이지(http://seoji.nl.go.kr)와 국가자료공동목록시스템(http://www.nl.go.kr/kolisnet)에서 이용하실 수 있습니다.(CIP제어번호 : CIP2018040457)